Técnicas de Magia Natural

O Poder da Terra

Scott Cunningham

Técnicas de Magia Natural

O Poder da Terra

Tradução:
Soraya Borges de Freitas

Publicado originalmente em inglês sob o título *Earth Power: Techniques of Natural Magic*, por Llewellyn Publications, Woodbury, MN 55125, <www.llewellyn.com>
© 1983 e 2006, Scott Cunningham.
Direitos de edição e tradução para o Brasil.
Tradução autorizada do inglês.
© 2024, Madras Editora Ltda.

Editor:
Wagner Veneziani Costa (*in memoriam*)

Produção e Capa:
Equipe Técnica Madras

Tradução:
Soraya Borges de Freitas

Revisão da Tradução:
Giovanna Louise Libralon

Revisão:
Maria Cristina Scomparini
Arlete Genari

Dados Internacionais de Catalogação na Publicação (CIP)
(Câmara Brasileira do Livro, SP, Brasil)

Cunningham, Scott, 1956-1993.
Técnicas de Magia Natural: O Poder da Terra/Scott Cunningham; tradução Soraya Borges de Freitas. – São Paulo: Madras, 2024.
Título original: Earth power: techiques of natural magic
Bibliografia.
ISBN 978-85-370-0992-5
1. Magia 2. Mágica 3. Rituais I. Título.
16-00854 CDD-133.4 Índices para catálogo sistemático:
1. Magia: Ocultismo 133.4
2. Rituais e encantamentos: Ocultismo 133.4

É proibida a reprodução total ou parcial desta obra, de qualquer forma ou por qualquer meio eletrônico, mecânico, inclusive por meio de processos xerográficos, incluindo ainda o uso da internet, sem a permissão expressa da Madras Editora, na pessoa de seu editor (Lei nº 9.610, de 19/2/1998).

Todos os direitos desta edição, em língua portuguesa, reservados pela

MADRAS EDITORA LTDA.
Rua Paulo Gonçalves, 88 – Santana
CEP: 02403-020 – São Paulo/SP
Tel.: (11) 2281-5555 – (11) 98128-7754
www.madras.com.br

Dedicatória

Para Dave.

Agradecimentos

Muitos me ajudaram na criação deste livro, bem como na minha evolução na magia. Entre eles, estão amigos e professores, como John e Elaine, Morgan, Ginny, Don, Donald, Morgana, Juanita, Ed e Marilee, LaDora, Judith, Raven e muitos outros que partilharam de seu tempo e conhecimento para a conclusão desta obra.

Devo também um agradecimento a Don Kraig, Juanita Peterson e David Harrington pela crítica valiosa do manuscrito, e ainda ao sr. Harrington, pela revisão.

Nota do editor internacional:

Quaisquer referências a conteúdos da Internet contidas nesta obra são da época da publicação, mas o editor não garante que um local específico continuará a ser mantido. Por favor, procure no site da editora os links para os sites do autor e outras fontes. As informações contidas neste livro não constituem aconselhamento legal, médico ou psicológico. Para ajuda nessas questões, consulte um advogado, um médico ou um psiquiatra.

ÍNDICE

Prefácio 13
Introdução 17

Parte I: Fundamentos

Tocar a Terra 21
A Magia Decifrada 25
    Três requisitos 26
    Moralidade mágica 27
    Magia para si mesmo 28
    Magia pelos outros 29
    Adivinhação 30
    A mão dominante 31
Técnicas 33
    Simbolismo 33
    Imaginação e visualização 40
    Leitura 41
    Concentração 42
    Sentir a potência 43
Os Elementos da Magia 47
    Terra 48
    Ar 49
    Fogo 50
    Água 51

Parte II: Magia Elemental

Magia da Terra 55
Magia do Ar 61
    Os ventos 61
    Como trabalhar com um único vento 67
    Feitiços do ar... 67
    Como determinar um vento 69
    Para fazer soprar os ventos 70
Magia do Fogo 73
Magia da Água 81
    Contemplação da água.. 81
    Magia em nascentes e fontes 83
    Magia de lagoa.. 84
    Magia de córrego 85
    Outras magias da água 86

Parte III: Magia Natural

Magia das Pedras 93
    Meditações com pedras 94
    Pedras de advinhação... 95
    Pedras falantes 96
Magia das Árvores 101
    Três feitiços de cura... 103
    Os poderes mágicos das árvores......................... 105
Magia com Imagem 109
Magia dos Nós 119
    Os barbantes 121
    Algumas observações sobre a magia dos nós...... 126
Magia das Velas... 129
    As velas... 129
    Castiçais.. 130
    Ervas 131
Magia com Cera 135

Advinhação com as gotas da vela 136
Advinhação com cera derretida 139
Magia com Espelhos 141
    O espelho mágico 143
    O espelho quebrado 150
Magia da Chuva, da Neblina e da Tempestade 153
    Chuva 154
    Magia com neblina 154
    Tempestades 157
    Quando a tempestade acaba 160
    Para influenciar o clima 161
Magia do Mar 165
    As marés 166
    Os instrumentos 168

Epílogo 177

Anexo I: Cores 179

Anexo II: Runas 181

Anexo III: Ervas 183

Bibliografia 187

Prefácio

Desde meus primeiros anos de vida, eu me senti atraído pela natureza em todas as suas manifestações. A visão de um campo repleto de belas flores silvestres, a textura de um rochedo de granito, a fúria indomável de um temporal nas pradarias são algumas de minhas mais vívidas impressões da infância.

Enquanto meus colegas jogavam bola ou investigavam os mistérios de motores e carburadores, eu observava o céu noturno, tentando compreender sua vastidão. Ao contemplar aquela imensidão, meu sentimento era de reverência e até de temor. Questões sobre sua escuridão e os pontos de luz que a salpicavam levaram a outras questões a respeito do mundo natural que tanto amo.

Quando descobri que até mesmo a ciência não tinha respostas para muitos de meus questionamentos mais profundos, passei a dedicar minha vida a explicar e resolver alguns desses mistérios naturais.

Em minha busca por respostas, deparei-me com religiões parcialmente esquecidas e sistemas mágicos que se originaram nos cantos mais recônditos do globo. Fragmentos de informação foram encontrados em textos antigos em argila e tratados mágicos. Quando encontrei a magia, sabia que estava perto, pois ali estavam práticas que usavam as forças da natureza.

Dediquei toda a minha atenção à investigação das inúmeras formas de magia. Conheci magos e bruxas que enriqueceram meu aprendizado com seus ensinamentos enigmáticos. Muitos anos depois, finalmente percebi que os caminhos da magia são revelados àqueles que trabalham com as forças da natureza. Os segredos estão escritos em rios e riachos sinuosos e nuvens que vagam pelo céu; são sussurrados pelo bramido do oceano e da brisa fresca; ecoam em cavernas, rochas e florestas.

A magia bem pode ser a mais antiga das ciências ainda existentes, embora também seja a prática mais incompreendida em nosso mundo, mesmo por alguns daqueles que professam ser magos.

É a arte de trabalhar com as forças da natureza para provocar mudanças necessárias. Isso é magia, pura e simples.

As forças da natureza, manifestadas na terra, no ar, no fogo e na água, vieram antes da nossa existência neste planeta. Essas forças poderiam ser consideradas ancestrais espirituais que abriram o caminho para nosso surgimento a partir dos mares pré-históricos da criação.

Afinar-se e trabalhar com essas energias na magia não apenas lhe dá o poder de efetuar mudanças drásticas em sua vida, como também lhe permite compreender seu lugar no plano maior da natureza. Talvez isso seja o fruto mais valioso colhido pelos magos naturais.

Minha busca por conhecimento me levou a mergulhar fundo na magia da terra. Lancei mão das práticas antigas para melhorar minha vida e aprofundar minha compreensão de seu valor e propósito. Isso é o mínimo que se alcança quando se faz tal tentativa.

As ferramentas e os poderes estão à nossa volta, esperando para ser entendidos e usados. Com sua ajuda podemos desenvolver nosso máximo potencial.

Isso não se consegue submetendo e subjugando a Terra. Ao ouvirmos as melodias do nosso planeta e nos misturarmos a elas, tornamo-nos verdadeiros magos, praticando nossa magia em harmonia com toda a natureza.

Por meio da magia natural encontrei as respostas para muitos de meus questionamentos. Este livro, no entanto, não é uma explicação da magia natural, pois isso seria inútil. É um guia para a prática em si. Qualquer um que o usar descobrirá suas próprias respostas.

Introdução

Este é um livro sobre magia popular — a magia da gente comum. Portanto, é diferente de quase todas as demais obras publicadas sobre o assunto.

Ele não trata de como entalhar símbolos em pentáculos de cera, nem de exclamar palavras pomposas em círculos triplos, tampouco de invocar espíritos terríveis em cavernas desertas. Este livro trata de uma magia mais simples, menos complexa.

Essas são as práticas oriundas do povo, nos dias em que quase todas as pessoas cultivavam grãos e vegetais, criavam animais, fiavam e teciam e faziam roupas; quando tudo o que se podia desejar estava logo à mão, podia ser feito ou obtido via escambo.

Homens, mulheres e crianças trabalhavam do nascer ao pôr do sol para comer e manter seu abrigo. Tudo em seu mundo era feito à mão. Assim também eram sua religião e magia.

Essas pessoas eram da terra. Elas viviam, respiravam e trabalhavam junto dela todos os dias. Deixaram um legado que só agora está sendo redescoberto: a magia natural.

Este livro traz alguns dos modos como a magia da natureza é praticada. São feitiços envolvendo o mar, rios e nascentes; o sol e a lua; tempestades e chuvas; árvores, nós e espelhos.

Apresento aqui uma magia que todos podem realizar com resultados surpreendentes, pois a magia funciona!

Mas este é mais do que um livro de feitiços, pois há muito mais por trás das palavras nestas páginas. Os verdadeiros mistérios da magia são aqueles da natureza. Ao praticar estes feitiços, toca-se a natureza, e nesta atividade qualquer um pode descobrir os segredos.

A Natureza, a Terra, o Universo são os grandes iniciadores. É a eles que devemos recorrer para que nos ajudem a abrir os olhos e ver o que esteve lá o tempo todo.

Parte I

Fundamentos

Capítulo 1

Tocar a Terra

A lua brilha, mística, no céu estrelado enquanto uma figura solitária caminha por uma praia deserta.

Aquela pessoa para, abaixa-se e pega um graveto banhado pelo mar agitado. Pressionando a ponta do graveto na areia molhada, ela desenha um símbolo.

Uma onda quebra. A pessoa recua e, enquanto a próxima onda apaga o símbolo, ergue-se uma lufada de vento, lançando para trás as pontas soltas da echarpe bem enrolada. O rosto de uma mulher aparece no luar suave.

Ela sorri, confiante de que o feitiço funcionou, e se senta, ouvindo o som do mar quebrando.

Por que a mulher foi ao oceano naquela noite? Por que ela desenhou um símbolo na areia? Como esses atos simples constituem magia?

A magia natural, ou melhor, a magia da natureza, é uma ramificação simples e direta das artes mágicas, derivada de éons de experimentação por pessoas do mundo inteiro. É, talvez, uma resposta aos poderes ilimitados da natureza, o poder visível na eterna mudança das estações, no florescer de um botão, no nascimento da prole.

As práticas de magia natural visam quase sempre trabalhar com as forças e as energias da natureza para provocar mudanças necessárias. Embora as técnicas possam parecer simples demais, até pueris, elas são eficientes.

A mulher descrita realizou um ato de magia natural. Ela trabalhou com o oceano, uma fonte de energia atemporal reverenciada e cultuada há centenas de milhares de anos. Para direcionar as energias do mar, ela usou um símbolo. O simbolismo, a linguagem dá magia e do subconsciente, é um tipo de taquigrafia mágica. Embora os símbolos e as runas tenham seus próprios poderes, eles de fato também direcionam energias para fins específicos. Em outras palavras, eles dizem à magia o que fazer.

Assim, essa mulher foi ao oceano em uma noite enluarada para lançar mão de energias oceânicas e desenhou um símbolo na areia para direcionar tais poderes. Quando a onda apagou o símbolo, ele liberou seus próprios poderes e, assim, a magia teve início.

Embora possa demorar vários dias para os frutos do trabalho da noite aparecerem, eles sem dúvida aparecerão. O tempo e a experiência já provaram isso.

A magia natural é direta e objetiva. Apesar do que você possa ter ouvido, a magia não é nada sobrenatural, anormal ou mesmo alienígena. Ela está em nossos quintais, dentro de nossos lares, na essência mesma de nosso ser. As forças da natureza é que dão poder à magia, não demônios e diabinhos, "Satã" ou anjos caídos.

Um dos maiores mistérios da magia é que não há mistérios. Em vez disso, os mistérios nos são sempre revelados. O estudo de uma simples rosa, de uma folha de grama, de uma folha com nervuras, ou do sopro do vento ao passar por árvores frondosas revelará tanto quanto, se não mais, a respeito da verdadeira natureza da magia do que uma centena de tomos empoeirados da Renascença.

É essa magia que preenche estas páginas. Embora possa parecer que algumas das artes contidas neste livro estejam além da esfera da natureza, como a magia com espelhos, por exemplo, isso é apenas um indicativo de que a natureza é mais do que a boa e velha terra sólida sob nossos pés ou o arco-íris que enfeita o céu da tarde.

A natureza é o próprio Universo. Não só seus poderes, como também suas manifestações. Algumas delas, como os espelhos, são produzidas artificialmente, mas estão ligadas aos poderes da natureza e acessam-nos com seu simbolismo.

Em nossa era cada vez mais mecanizada, muitos se veem isolados do planeta que sustenta e mantém suas vidas. Esquecida está a verdadeira dependência que temos da Terra. Muitos inconscientemente rompem suas ligações naturais com a Terra. Com isso, temos hoje uma época de grande desordem em níveis individuais e globais.

A magia da Terra pode nos ajudar a entender, atravessar e resolver muitos dos pequenos problemas e crises que enfrentamos hoje em dia. É verdade que a magia da Terra não é uma simples solução para os problemas do mundo, mas pode trazer ordem para nossas vidas, e este é um bom começo.

No pensamento mágico, o corpo humano é o "microcosmo" (uma pequena representação) da Terra, que é o "macrocosmo". Por sua vez, a terra é o microcosmo do Universo. Em outras palavras, somos imagens da essência do planeta e, portanto, do Universo. Como tal, quando mudamos nosso próprio ser, alteramos a Terra e o Universo.

A magia ajuda a efetuar essas mudanças em nossas vidas e, por consequência, na vida da própria terra.

Essas mudanças devem ser positivas. Não há magia maligna ou negativa neste livro, pois já existe negatividade demais no mundo.

O objetivo de toda a magia, de todos os caminhos do ocultismo e das religiões místicas é o aperfeiçoamento do eu. Embora não se possa conquistar isso em apenas uma vida, nosso desenvolvimento está ao nosso alcance. Com esse único ato, a Terra fica muito mais saudável.

Se você colocar em prática qualquer dos feitiços deste livro, seja ele desenhar um coração na areia, olhar em um espelho para ter um vislumbre do futuro, ou atar um nó para ajudar um amigo em situação difícil, lembre-se dos aspectos mais elevados de seus trabalhos. Você está melhorando o mundo e ajudando a curá-lo das devastações terríveis que ele sofre em nossas mãos.

Isso é o que torna o praticante da magia natural realmente divino.

Capítulo 2

A Magia Decifrada

A magia é o uso das forças inerentes à natureza para provocar mudanças necessárias.

Para ajudá-lo a atrair, despertar e direcionar essas energias, o mago usa ferramentas. Elas podem ser itens caros, como adagas com pedras incrustadas e incensários de prata brilhantes, ou objetos naturais, como galhos e pedras. As ferramentas necessárias para este livro são as da natureza. Pedras, árvores, rios, folhas e plantas compõem a lista de ferramentas da magia natural, bem como alguns itens comprados em lojas, como espelhos, velas e cordões.

A manipulação dessas ferramentas, além de uma forte necessidade, costuma ser o bastante para realizar a magia, para estimular alguns poderes da natureza a fim de efetuar a mudança necessária. Ao ler estas páginas, lembre-se de que a magia é ilusoriamente simples e incrivelmente fácil.

Obviamente, apenas plantar uma pedra no chão, segurar uma folha ou desenhar a imagem de um automóvel não fazem nada.

Quando ações como essas são realizadas em um estado carregado de emoção, é que as mudanças ocorrem e a magia é verdadeiramente realizada.

Para realizar uma magia eficaz, três requisitos devem estar presentes: a necessidade, a emoção e o conhecimento.

Três requisitos

A necessidade é simples. Um dia você acorda com uma forte dor de cabeça, da qual não consegue se livrar. Ou pode descobrir que precisa de certa quantia em dinheiro até o fim do mês. Um amigo pode estar procurando um novo amor. Em todos os casos, há uma necessidade.

Necessidade não deve ser confundida com desejo. Desejos costumam ser passageiros, pois o que se deseja em uma manhã pode ser substituído por outra coisa na manhã seguinte. Um desejo é um capricho; uma necessidade é um estado sentido profundamente, é importante, devastador.

A emoção também é algo óbvio. Você pode precisar de um emprego, por exemplo, mas, se não estiver emocionalmente envolvido com essa busca, não estiver preocupado, ansioso ou descontente, nem todos os feitiços do mundo o trarão para você.

Por isso às vezes é inútil fazer feitiços pelos outros, a menos que você possa sentir a mesma necessidade emocional que eles sentem.

O conhecimento constitui o corpo do saber mágico tradicional. Em outras palavras, um feitiço ou ritual, ou as teorias básicas por trás dele, que lhe permite criar o seu próprio feitiço ou ritual.

Um feitiço ou ritual é apenas uma forma de fazer algo. Há muitas formas e muitas variações possíveis de cada feitiço. Os princípios básicos são fáceis e serão discutidos ao longo deste livro.

Com esses três requisitos, pode-se conseguir tudo, dentro apenas dos limites de nossa experiência e tempo. A primeira, a experiência, é a chave – só praticando a magia é que você saberá se ela funciona ou não.

A magia é algo como uma passarela desconhecida. Primeiro você pisará de leve nela, testando para ver se é segura.

Algum tempo depois, você andará com confiança sobre ela, sabendo onde pisar e o que evitar.

Muitas pessoas se aproximam da magia com desconfiança: dispostas a acreditar, mas incapazes de fazê-lo sem provas.

Isso é saudável. Uma coisa é acreditar, mas conhecimento incontestável é outra bem diferente. No caso de uma crença, existe a possibilidade de que ela não seja verdadeira. O conhecimento incontestável, porém, é apenas isso – os frutos da experiência com os quais você consegue aceitar algo completamente.

As limitações – dúvidas e falsas crenças – só são suprimidas com trabalho duro e perseverança. Muitos acham que o esforço vale a pena, mas isso é uma escolha totalmente pessoal.

Moralidade mágica

Moralidade? Em magia?

Sim. Não no sentido de valores e ética, quer pessoais, quer sociais, pois sempre mudam, mas no sentido espiritual.

A magia deve ser realizada para efeitos positivos, nunca negativos. A manipulação do poder para causar doença, dor, morte, para destruir, roubar ou danificar de alguma forma a propriedade de alguém ou para controlar outra pessoa é uma magia negativa.

O último caso inclui forçar alguém a se apaixonar por você ou por alguém, forçar alguém a fazer sexo com você, destruir um casamento ou romance, mudar a mentalidade de outra pessoa ou forçar alguém a fazer algo que não queira.

A magia não é um campo aberto onde egos e desejos egoístas podem ser satisfeitos por causa de algum capricho. Há perigos à espera de qualquer um que faça trabalhos mágicos negativos. Esse tipo de magia pode até se manifestar, mas as penalidades pesadas nunca compensam os efeitos.

Há um princípio em magia segundo o qual aquilo que você põe nela é exatamente o que você receberá. Se realizar magia benéfica, receberá beneficência. O mago negativo, porém, receberá apenas negatividade e, por fim, ela o destruirá.

Considerando esse princípio, não parece haver motivo para fazer uma magia negativa (conhecida como "magia negra"). De fato, não há. Aqueles que continuam a duvidar disso e a praticam, colherão os frutos de seus atos.

Evidentemente, é o aspecto benéfico da magia que faz com que ela mesma e seu usuário se tornem divinos.

A magia negativa sempre teve seus partidários. Existem pessoas que são seduzidas pelo mal, ficam cegas pelo poder temporário que ele lhes oferece, e não conseguem ver a luz antes que seja tarde demais.

Alguns dos feitiços neste livro são destrutivos, o que pode causar certa confusão. Muitos de nós relacionamos a destruição com o mal. A destruição da negatividade, no entanto, como de maus hábitos, obsessões, doenças, entre outras coisas, não é negativa. Como isso, além de não prejudicar ninguém, realmente ajuda, podemos considerá-la uma magia positiva.

Magia para si mesmo

A magia realizada em favor de você mesmo não é egoísta, pois melhora o mundo. Muitos parecem pensar que está tudo bem se lançar um feitiço para um amigo, mas nunca fariam nada para seu próprio benefício.

Essa é uma ideia lamentável que deve ser exorcizada o mais depressa possível. Só quando você estiver saudável, feliz e financeiramente bem, é que poderá ajudar os outros, assim como você deve amar a si mesmo antes de esperar que os outros o amem.

Parte da confusão vem das técnicas usadas. Magia que o auxilie mas prejudique outra pessoa deve ser evitada, pois não está de acordo com a moralidade mágica.

Em geral, há uma forma de melhorar a si mesmo e a própria vida sem prejudicar os outros, e essa é a magia que deve ser utilizada.

Jamais se sinta ganancioso ao realizar magia para si, desde que ela não prejudique ninguém.

Magia pelos outros

Se você divulgar suas atividades mágicas, os outros virão até você e pedirão para que realize feitiços. Você terá de decidir se fará ou não a magia para eles, e essa decisão deve se basear em alguns fatores.

Há apenas uma regra rígida em se tratando de magia pelos outros: se lhe parecer bom, faça; se não, não faça.

As pessoas podem ser bastante ardilosas quando pedem que lhes faça um feitiço. Muitas vezes elas colorem suas explicações ou mentem descaradamente para convencê-lo a fazer o trabalho.

Mesmo bons amigos podem não conseguir ver a verdade em algumas questões, ou exagerar um incidente. Com base em evidências desse tipo, você bem pode tentar resolver magicamente um problema que sequer existe, desperdiçando assim seu tempo e sua energia.

As pessoas também vão querer que você consiga, com magia, algo que elas mesmas poderiam conseguir se arregaçassem as mangas e fossem à luta.

Com todos esses pensamentos velados, verdades ocultas, mentiras e artifícios, o que você pode fazer?

Em magia, é melhor lançar mão de algum método de adivinhação para conseguir algumas respostas.

ADIVINHAÇÃO

A adivinhação é um processo mágico pelo qual o desconhecido se torna conhecido. É realizado com uma variedade de ferramentas: espelhos, nuvens, folhas de chá, grãos de café, cartas de tarô, poeira, vento, quase tudo que possa ser usado como um instrumento do subconsciente, da psique ou da mente.

Outro tipo de adivinhação deixa os poderes do Universo determinarem o futuro por meio da movimentação de objetos ou símbolos.

Àqueles que não são sensitivos conscientemente e por vontade própria, adivinhação permite ver o futuro, ainda que por alguns instantes fugazes. Com o uso de padrões aleatórios, reflexos ou outros pontos focais, os impulsos psíquicos, que são recebidos constantemente por nosso subconsciente, podem resvalar para a mente consciente e, assim, serem conhecidos.

A adivinhação também implica o uso de vários objetos, que serão manipulados pelo mago ou por forças da natureza para revelar o futuro. Isso inclui pedras, flores e chamas. Algumas formas de adivinhação usam os dois métodos.

Essa prática tem uma função importante na magia, pois nos permite conhecer todas as circunstâncias de uma situação, principalmente naquelas em que um amigo quer que você faça um trabalho mágico. Portanto, com ela podemos tomar decisões racionais sobre fazer ou não a magia, baseados em uma informação mais completa.

Antes de qualquer operação mágica, de um modo geral, deve-se utilizar a adivinhação para ter certeza de que a necessidade está ali, a emoção é suficiente e o conhecimento é incontestável e correto.

Mas a adivinhação não se limita estritamente a questões mágicas. Ela pode ser usada como um guia para os problemas cotidianos que aparecem na vida.

A maioria dos métodos é rápida e, com prática, dá resultados.

Como há muitos métodos diferentes de adivinhação, é melhor experimentar vários até encontrar um que funcione para você. Muitos deles são discutidos neste livro.

Um aviso: a adivinhação, quando usada para ver o futuro, revela os principais aspectos de eventos que possivelmente ocorrerão. Se você não gosta do que vê, aja para mudar sua vida antes de o futuro virar presente.

A MÃO DOMINANTE

A magia trata do poder produzido pelo corpo, usado em alguns feitiços e rituais. Esse poder é constituído daquela parte da energia universal que mantém nossos corpos. Um pouco dele é liberado pelo estado emocional atingido durante o trabalho de magia, e é enviado com as outras energias evocadas para manifestar sua necessidade.

A mão dominante é aquela pela qual essas forças são liberadas. É a mão com que você escreve. Se você for ambidestro e puder usar qualquer uma das mãos, escolha uma e a utilize sempre.

Essa mão é usada na magia para apresentar, segurar, lançar ou realizar, de maneira ritualística, parte de um feitiço.

Em rituais específicos, sempre que necessário, é melhor usar a mão com que você escreve, porque ela é uma mão habilidosa e acredita-se que as energias sejam naturalmente liberadas por ela. Por isso, se você desenhar um símbolo representando sua necessidade com sua mão dominante, você já colocará nele um pouco de sua energia.

Esses são os fundamentos da magia.

Dizem que a magia foi a primeira religião e que, se você usa as forças da natureza com amor para causar mudanças benéficas, você acaba por se unir a elas.

Esses poderes foram personificados como deuses e deusas.

Harmonizar-se com eles é uma experiência espiritual e constitui a base de toda religião verdadeira.

Capítulo 3

Técnicas

As técnicas exigidas para a prática da magia natural são simples e aprendidas com facilidade. Sua habilidade nelas dependerá apenas de sua disposição para praticar. Assim como qualquer outra coisa, a magia acontece mais facilmente com a prática.

Este capítulo contém passagens curtas, e não relacionadas entre si, que tratam de algumas das coisas que serão mencionadas neste livro.

Colocar todas as instruções em um capítulo evita repetições constantes ao longo da obra.

Quaisquer questões levantadas por este capítulo serão respondidas mais adiante, quando discutirmos rituais e feitiços específicos.

Simbolismo

Como o subconsciente trabalha por meio de símbolos, é importante cultivar a habilidade de interpretá-los para decifrar seu significado.

Só você sabe realmente o que os símbolos significam para você. Símbolos são coisas muito pessoais, captados de subconsciente, e interpretações de outras pessoas podem ser bastante equivocadas.

Uma olhada em alguns símbolos tradicionais, porém, pode ajudar a mostrar como ele funciona e como seu código pode ser decifrado com a ferramenta do pensamento.

Digamos que você acendeu uma fogueira, esperou até as chamas se apagarem, olhou fixamente para o carvão (veja o capítulo 7: Magia do Fogo) e viu o formato de uma tartaruga.

Isso é um símbolo. Para descobrir seu significado, você pode procurá-lo neste capítulo ou em outros livros sobre simbolismo, mas este é o caminho menos confiável a tomar.

Em vez disso, olhe para o símbolo em si. Uma tartaruga. O que lhe vem logo à mente? Uma criatura lenta. Talvez aquática. De casco duro, capaz de se recolher para escapar do mundo, e fértil – muitas tartarugas botam centenas de ovos.

Já temos aí muitas associações com a tartaruga. Sua próxima tarefa é analisar essas associações com relação a uma pergunta que você fez. Se você perguntou por que parece não conseguir manter um romance, talvez sua mente esteja dizendo que você vem agindo como uma tartaruga: melancólica, vagarosa, sempre se afastando do mundo.

Analise apenas as qualidades do símbolo que se relacionam com seu questionamento. Logo você terá uma resposta.

Se não fez nenhuma pergunta, identifique possíveis acontecimentos futuros da mesma maneira: analisando aquelas associações indicadas pelo símbolo e aplicando-as em sua vida. Você chegará a uma resposta.

Embora às vezes esse processo seja difícil e exija tempo e trabalho, é um dos componentes básicos de qualquer ato divinatório – uma vez que você tenha os símbolos ou imagens, eles devem ser interpretados.

Espero que esta seção sirva de diretriz. Lembre-se de que estes são significados sugeridos para alguns dos símbolos vistos com mais frequência. Se você discordar radicalmente de algum deles, confie em sua intuição – isso é o melhor a fazer.

Abacaxi: hospitalidade, vida tranquila

Abelhas, favo de mel, colmeia: empenho, frugalidade, trabalho duro

Ampulheta: prudência, cautela

Âncora: viagem, descanso

Anel: casamento, retenção, eternidade

Aranha: muito boa sorte, astúcia, segredo, coisas ocultas, dinheiro

Árvore: boa sorte, forças da natureza, idade, estabilidade, poder

Avião: viagem, novos projetos

Balança: equilíbrio, justiça

Barco: descobertas

Bebê: novos interesses

Beija-flor: comunicação, visitantes

Berço: estranhos

Bolota: homens, juventude, força

Bolsa: ganhos, dinheiro

Borboleta: coisas frívolas, futilidades

Cachorro: amor, amigo, fidelidade

Cadeado: obstáculos, proteção, segurança, defesa

Caixão: Surpresa! Não é morte. Porém, sim, uma doença maçante e de longa duração, mas nada grave.

Caldeirão: transformação, grande mudança, mulheres, reinícios, términos

Camundongo: pobreza, roubo

Casa: sucesso

Cavalo: força, viagem, graça

Cesto: dádiva

Chama, fogo: purificação, mudança, vontade, dominação, forças motrizes

Chapéu: rival, honrarias

Chave: mistérios, iluminação, segurança, prosperidade, fertilidade

Chifres: fertilidade, devoção, espiritualidade, forças da natureza

Cisne: boa sorte, um amante

Cobra: sabedoria, eternidade, masculinidade, um homem, segredo, conhecimento

Cogumelo: abrigo, alimento

Colher: sorte

Concha: criatividade, boa sorte, dinheiro, prosperidade, estabilidade emocional

Cornucópia: fertilidade, proteção, prosperidade, animais, retenção

Coração: amor, prazer

Coroa: sucesso

Coruja: sabedoria

Crânio e ossos cruzados: morte, ressurreição, conforto, consolo,

Cruz: de braços iguais – as forças da natureza, os elementos, grandes energias em ação; cruz cristã – religião, consolo, ofrimento

Escada: desordem, sol, ascensão, queda, evolução, iniciação

Espada: vida, morte, conflitos, discussões, negatividade

Espelho: inversão, lua, mulheres, amor, reflexo, beleza, conhecimento, transferência, comunicação

Estrela: sorte excelente, proteção divina, prosperidade, riqueza, grandes honrarias, respeitabilidade, sucesso

Ferradura: sorte, proteção, viagem

Flecha: notícias

Fonte: espiritualidade, inspiração, Mãe Natureza, amor

Fuso: criatividade, mudança, sexualidade, transformação

Gato: sabedoria, intelectualidade, distanciamento

Jaula, prisão: restrição, isolamento, solidão

Leão: influência, realeza, poder, força, ferocidade

Livro: sabedoria

Lua crescente: revigoramento, novidade, mãe, mulheres

Luva: sorte, proteção

Montanha: jornadas, obstáculos

Navio: crescimento, viagem, notícias

Nó: manifestação, obstáculo, casamento, ligação, restrição

Nuvens: dores de cabeça, problemas mentais, a mente, pensamentos

Olho: introspecção, inspeção, avaliação

Ovo: crescimento, fertilidade, sorte

Papagaio: imodéstia, aparências, escândalo

Pássaro: poderes psíquicos, voo, movimento, impulso, boa sorte

Pato: riqueza, fartura

Pavão: luxo, esplendor, vaidade

Peixe: sexualidade, riquezas, especulação afortunada

Pinhas: alimento, sustento, inverno

Relógio: morte, tempo em qualquer manifestação, mudança

Revólver, pistola, rifle: discórdia, desastre, calúnia

Roda: estações, reencarnação, términos, eternidade

Rosa: amor, amor perdido, riqueza de vida, passado

Sal: pureza, purificação, dinheiro, estabilidade, alicerce, limpeza, cura

Sino: celebrações, casamento (os sinos dão boas-vindas ao novo, mas também se despedem do velho. O sino também pode anunciar tempos difíceis)

Tartaruga: lentidão, fertilidade, retração, estagnação

Tesoura: disputas, separações

Triângulo: apontado para cima – boa sorte; apontado para baixo – má sorte

Unha: dor, angústia

Vaca: dinheiro, prosperidade

Vassoura: limpeza, feminilidade, assuntos familiares, purificação, cura, combate à negatividade

Lembre-se de que essas são apenas sugestões. Não dá para dizer exatamente o que uma bandeira americana significaria para você, assim como você não conseguiria saber o significado pessoal de uma cabra para mim. O segredo dos símbolos é revelado àqueles que trabalham com eles por si mesmos.

Imaginação e visualização

Isto é exatamente o que parece. A imaginação é a origem de todas as coisas já produzidas pelos seres humanos. É uma ferramenta vital que estará em ação na magia, mais do que qualquer outra.

A imaginação é imprescindível na adivinhação (veja o capítulo 2: A Magia Decifrada) para se decifrar simbolismos. Ela também é necessária na visualização exata do que você precisa enquanto faz um trabalho de magia.

A imaginação não é divagação mental descontrolada. Assim como a obra de um artista habilidoso que produz, com pincel e tintas, uma pintura completa e acabada, a imaginação pode ser usada como essas tintas e pincéis para produzir uma imagem perfeita de sua necessidade.

A imaginação é a habilidade de usar a mente com criatividade. A palavra "criativo" está associada a "criação". Em um sentido muito real, você "cria" o que imagina, ou visualiza, como também se costuma dizer. Este é um dos fundamentos da magia – a visualização – e isso é feito por meio da imaginação.

É claro que, neste momento, você poderia visualizar uma praia quente do Havaí, mesmo sem nunca ter ido àquelas ilhas. Você também poderia visualizar uma margarida ou um telefone.

Na magia, a imaginação é usada para visualizar a necessidade.

Se, por algum motivo, a visualização da necessidade não for possível, visualize um símbolo que corresponda a ela. Talvez uma pomba representando a paz, ou uma rosa para o amor.

Leitura

Uma das formas mais comuns de adivinhação, a leitura é simplesmente olhar para, ou dentro de, um recipiente, uma superfície ou um material. Há uma grande variedade de métodos de leitura incluídos neste livro, usando tudo, de fogo a água.

O segredo desta técnica é o relaxamento. Se você estiver tenso e seus olhos correrem desesperadamente pelo objeto, tentando encontrar símbolos, você não vai conseguir.

Relaxe e olhe. Eles virão até você.

Isso pode parecer simples demais, mas é verdade. Alguns métodos funcionam melhor que outros, por isso experimentos práticos são necessários para encontrar aquele que funciona melhor para você.

A leitura funciona por muitos fatores. Os padrões aleatórios presentes em montes de terra, nas ondulações de um rio ou nos carvões em brasa de uma fogueira que se apaga ajudam a mente consciente a relaxar sua percepção, abdicando do controle total e deixando o subconsciente sussurrar em seu ouvido, apontando símbolos com os quais você pode desvendar a resposta a suas perguntas, ou vislumbrar seu futuro.

Isso pode ser bem eficaz com a prática.

Concentração

Esta é uma forma poderosíssima de magia. A concentração, ou seja, reter um pensamento, imagem ou foto na mente sem a interrupção de outras informações ou ideias, é fundamental em muitos feitiços e rituais.

A lógica é clara: aquilo em que nos concentramos e que mantemos na mente está recebendo energia. Se você se concentrar naquilo de que precisa, por exemplo, enquanto amarra uma folha a uma árvore, você coloca seu poder (evocado pela mente) no feitiço.

O pensamento positivo é um exemplo do poder que a mente pode ter sobre o mundo. Sabemos que o telefone, o avião, a lâmpada elétrica e tudo que os homens criaram começaram como pensamentos. Eles cultivaram tal pensamento (concentração) até que pudesse ser manifestado (criação).

De uma forma parecida, nós cultivamos um pensamento (a necessidade) e, enquanto fazemos isso, usamos a emoção e o conhecimento para manifestar essa necessidade (criação).

Se não nos concentrarmos em nossa necessidade, a emoção hesita, o conhecimento é inútil e ineficaz, e teria sido melhor nem termos começado o feitiço.

A concentração é uma parte essencial de qualquer feitiço. Embora alguns tenham dificuldade de se concentrar por causa de nosso mundo corrido, um exercício simples, se praticado com persistência, fará maravilhas.

À noite, sozinho, em um local escuro e silencioso, acenda uma vela branca e deite-se ou sente-se confortavelmente diante dela.

Relaxe o corpo e observe a chama da vela, afastando qualquer outro pensamento.

Se você conseguir não pensar em nada além da vela brilhando no escuro por mais de alguns minutos, estará no caminho certo.

Sentir a potência

Que potência? Não é a energia elétrica enviada para sua casa, mas os poderes da magia: a força dos elementos e dos ventos, a energia que mantém nosso planeta girando dentro de nossa galáxia, que, por sua vez, gira dentro de um universo que também gira. Esta é a verdadeira energia da magia.

Uma das melhores formas de se familiarizar com essa potência ou poder é pela memória. Nós temos o poder o tempo todo. É ele que mantém nosso corpo funcionando direito. Nós o absorvemos pelo alimento que ingerimos e o liberamos no esforço físico, em atividades mentais e nas funções corporais simples, como respirar e piscar os olhos.

Como esse poder está conosco o tempo todo, ele às vezes nos faz perceber sua presença.

Muitos já passaram por uma tempestade. Raios cortam o céu, em clarões breves; a chuva cai, o vento sopra forte, e o céu estremece com tremendos trovões. Uma tempestade como essa normalmente provocará reações inesperadas.

Você pode sentir um arrepio, tanto de ansiedade como de empolgação diante de um exemplo tão espetacular do poder ilimitado da natureza.

Se você conseguir se lembrar de uma tempestade particularmente forte que o fez sentir aquele arrepio na espinha, tente relembrar da sensação. Lembre-se do momento, de suas reações à tempestade.

Você pode começar a se sentir carregado de energia. Sua frequência cardíaca aumenta e sua respiração acelera, os músculos do corpo ficam tensos e é possível que você comece a transpirar.

Essas mudanças físicas são manifestações da maior quantidade de energia percorrendo seu corpo.

É a mesma energia usada na magia. Como mencionei anteriormente, grande parte dela é gerada pela emoção. Reações emocionais às situações podem ter resultados incríveis, que parecem desafiar as leis comuns (como a mulher fraca que tira um carro de cima da perna do filho, por exemplo).

Mas este não é o caso. Essas irrupções de poder são manifestações de outras leis da natureza ainda não descobertas pela ciência.

Como a emoção é uma forma excelente de sentir o poder, uma forte reação emocional – como aquela de uma tempestade – tende a ser benéfica, ajudando o poder a começar a fluir.

Obviamente seria ridículo parar e vivenciar de novo uma tempestade antes de cada feitiço. Apenas faça o exercício da tempestade para sentir a energia, que se manifesta como tensão muscular, aumento da frequência cardíaca, respiração acelerada e talvez transpiração.

Quando você a sentir e puder fazer isso à vontade, poderá gerar poder e enviá-lo durante seus feitiços para atuar sobre sua necessidade.

Qualquer feitiço realizado nessas condições será muito mais eficaz que aquele feito mecanicamente.

Repito: use a emoção da necessidade do feitiço específico para atingir esse estado de espírito. Se você precisa desesperadamente de dinheiro para uma conta inesperada, negligenciada ou esquecida, coloque toda a sua preocupação no feitiço. Mas o sustente com uma convicção inabalável de que você pode obter aquilo de que necessita, e de que o obterá.

Tudo bem, não será fácil no começo. Como meu professor de piano costumava me dizer: "Pratique!".

Capítulo 4

Os Elementos da Magia

Os elementos do simbolismo mágico são os componentes básicos de tudo que existe. Estes quatro elementos – Terra, Ar, Fogo e Água – são ao mesmo tempo visíveis e invisíveis, físicos e espirituais.

Todas as coisas se formaram a partir desses elementos, de acordo com o pensamento mágico. Nosso conhecimento científico atual, que afirma haver muitos mais "blocos de construção", não entra em conflito com essa declaração, mas é apenas uma versão mais refinada do nosso conceito dos quatro elementos.

É um equívoco considerar os quatro elementos tão somente em termos físicos. Terra, por exemplo, não se refere apenas ao planeta no qual existimos, mas também ao fenômeno da materialidade, da fundação e da estabilidade. Da mesma forma, o fogo é muito mais do que chamas.

Embora muitos atributos desses elementos estejam deslocados neste capítulo, são necessárias algumas palavras sobre cada um e sobre sua importância nos trabalhos mágicos.

Como esta é a magia da natureza, que usa poderes, ferramentas e símbolos naturais, é importante entender tais poderes. Uma das formas de conseguir isso é pelo estudo dos elementos.

O sistema elemental foi criado e aprimorado na Renascença, mas suas raízes remontam a muito antes na História. Pode ser visto como nada mais que um sistema prático de organização para os vários tipos de magia. Por outro lado, pode ser visto como um sistema de poderes bem real ao qual se pode recorrer para auxílio em feitiços e rituais. Você decide como quer ver os elementos.

As discussões a seguir tratam do simbolismo e dos tipos de magia relacionados aos elementos. Todas as magias contidas neste livro estão sob a regência de um (ou mais) dos elementos. Isso também se aplica a tudo que existe.

Entender os elementos será muito útil em seu trabalho mágico.

Embora os elementos sejam descritos como "masculinos" ou "femininos", isso não deve ser visto de uma forma sexista. Essa visão, assim como todos os sistemas mágicos, é simbólica: descreve os atributos básicos dos elementos em termos fáceis de entender. Não significa que uma magia do fogo seja mais masculina ou uma magia de água seja mais apropriada às mulheres. É apenas um sistema de símbolos.

Terra

É o elemento com que estamos mais familiarizados, pois é nosso lar. A terra não representa necessariamente a terra física, mas aquela parte dela que é estável, sólida e confiável.

A terra é a fundação dos elementos, a base. É nesse domínio que a maioria de nós vive boa parte da vida. Quando andamos, sentamos, ficamos de pé, engatinhamos, comemos, dormimos, trabalhamos, cuidamos das plantas, mostramos os cartões de crédito ou provamos sal, estamos atuando no âmbito do elemento terra.

A terra é o campo da abundância, da prosperidade e da riqueza. Embora seja o mais físico dos elementos, ele não é negativo, pois é sobre a terra que os outros três se assentam. Sem ela, a vida como a conhecemos não poderia existir.

Nos trabalhos de magia, a terra "governa" todos os feitiços e rituais envolvendo negócios, dinheiro, emprego, prosperidade em todas as formas, estabilidade, fertilidade, e assim por diante.

Um ritual deste elemento poderia ser tão simples quanto enterrar um objeto representativo de sua necessidade em um trecho de terra virgem, caminhar alguns quilômetros sobre um campo visualizando sua necessidade, ou desenhar imagens na terra.

A terra é um elemento feminino. Ela nutre, é úmida e fecunda, e são essas qualidades que a tornam feminina. Tais atributos impeliram inúmeras civilizações a conceber a terra como uma grande Deusa Mãe, a fértil Criadora da natureza.

Ela governa o ponto norte da bússola, pois esse é o lugar da máxima escuridão e do inverno. Sua cor é o verde dos campos e plantas.

Governa a magia das pedras, a magia com imagens, a magia das árvores e a dos nós.

AR

O ar é o elemento do intelecto; seu domínio é o do pensamento, o primeiro passo para a criação.

Em termos de magia, o ar é a visualização clara, despojada e pura, a qual é uma ferramenta poderosa para mudanças. Também é movimento, o ímpeto que envia a visualização para a manifestação externa.

Governa feitiços e rituais envolvendo viagens, instrução, liberdade, obtenção de conhecimento e para encontrar itens perdidos, descobrir mentiras, entre outras coisas.

Também pode ser usado para desenvolver as faculdades psíquicas.

Feitiços envolvendo o ar costumam incluir o ato de colocar um objeto no ar ou de jogar alguma coisa da encosta de uma montanha ou outro lugar alto, de modo que o objeto realmente se conecte fisicamente com o elemento.

O ar é um elemento masculino, por ser seco, expansivo e ativo. É o elemento que predomina em locais de aprendizado e que atua quando teorizamos, pensamos e ponderamos.

O ar governa o leste, pois esta é a direção de maior luz, e da luz da sabedoria e da consciência. Sua cor é o amarelo: o amarelo do sol e do céu ao amanhecer, e sua estação é a primavera.

Governa a magia dos quatro ventos, da visualização, a maioria das adivinhações e a concentração.

Fogo

O fogo é o elemento da mudança, da vontade e da paixão. De certa forma, está presente em todas as formas de magia, pois a magia é um processo de mudança.

A magia do fogo pode ser assustadora. Os resultados se manifestam logo e de forma espetacular. Não é um elemento para os medrosos. No entanto, ele é de suma importância e, por isso, é muito usado.

É o domínio da paixão e da sexualidade. Não se trata apenas do "fogo sagrado" do sexo, mas também da centelha de divindade que brilha dentro de nós e de todos os seres vivos. É, ao mesmo tempo, o mais físico e espiritual dos elementos.

Seus rituais costumam estar relacionados a energia, autoridade, sexo, cura, destruição (de hábitos negativos, de doenças), purificação, evolução, entre outras coisas.

Um ritual de fogo geralmente envolve fumigações, a queima, com chamas ou brasas, de uma imagem, de ervas ou outro objeto inflamável, ou ainda o uso de velas ou pequenas fogueiras.

Sua magia é praticada perto da lareira, ao lado de fogueiras acesas em clareiras na mata, ou ao lado da chama de uma única vela.

O fogo é masculino. Governa o sul, o local de calor máximo, a cor vermelha e a estação do verão.

Toda magia com velas está sob a regência dos poderes do fogo.

ÁGUA

A água é o elemento da purificação, do subconsciente, do amor e das emoções.

Assim como a água é fluida, mudando e fluindo de um nível a outro, também nossas emoções estão em um estado constante de fluxo.

A água é o elemento da absorção e da germinação. O subconsciente é simbolizado por este elemento, pois está sempre flutuando, sempre em movimento, como o mar que não descansa noite e dia.

A magia da água abrange prazer, amizade, casamento, fertilidade, felicidade, cura, sono, sonhos, artes psíquicas, purificação, entre outras coisas.

Um ritual da água costuma terminar com um objeto sendo lançado ou colocado em uma massa de água.

É um elemento feminino e sua cor é o azul das águas profundas. Governa o oeste e os meses de outono, quando a temporada de chuva banha a terra.

A magia da água é feita com espelhos, com o mar, neblina e chuva.

Assim, estes são os quatro elementos. Um estudo minucioso deles pode levar uma vida toda, mas estes são os fundamentos.

Embora não seja necessário recorrer a esses elementos ou trabalhar com eles diretamente, é bom estar consciente deles e tê-los em mente durante trabalhos mágicos.

Para trabalhos específicos com os elementos, veja os próximos quatro capítulos.

Parte II
Magia Elemental

Capítulo 5

Magia da Terra

A Terra é nosso lar. É dela que, mitologicamente, nós surgimos e em seu solo úmido enterramos nossos falecidos. De sua superfície retiramos verduras e legumes frescos e plantas curativas. Animais pastam sobre ela, e dentro dela há jazidas de ouro e prata, pedras preciosas e petróleo. Até recentemente, nenhum ser vivo, exceto os pássaros, deixou sua superfície por mais de alguns minutos.

As antigas deusas da Terra sobreviveram até hoje na forma da Mãe Natureza, uma divindade resgatada por almas preocupadas com a natureza no início do século XXI. A terra já foi cultuada por si só, e hoje é novamente venerada como nosso lar e sustento, sem a qual morreríamos.

Os movimentos ecológicos nasceram para atender à necessidade de proteger nosso planeta. A Nave Terra, como passou a ser chamada depois de termos conseguido deixar sua atmosfera e olhar para sua massa azulada a partir do espaço, é Gaia: nossa Mãe, nosso lar, nosso tudo. Sempre foi.

Como tal, ela se misturou às práticas e pensamentos religiosos e mágicos há milhares de anos. Alguns dos feitiços e técnicas apresentados neste capítulo são tão atemporais quanto a solidez de uma montanha. Neles estão as raízes de toda a magia, pois, se nem todas as formas de magia pertencem a este elemento, elas são indubitavelmente realizadas sobre a terra.

Pense em um punhado de terra recém-escavada. Sinta o cheiro da riqueza do solo fértil. Veja as cores impressionantes, do barro mais claro ao vermelho vulcânico e ao negro mais escuro. Essa é a natureza fecunda, o depósito de vitaminas e minerais essenciais à vida. Essa também é uma arena excelente na qual (ou com a qual) praticar magia.

Trago aqui um pouco dessa magia.

Cura

A cura com a terra funciona pelo processo de transferência. O ferimento ou doença é transferido magicamente para outra substância, em geral orgânica, que, então, é enterrada. Enquanto apodrece, ela liberta a pessoa do ferimento ou doença.

Para extirpar uma doença ou curar um ferimento, esfregue a parte atingida com uma maçã ou batata. Então, o mais rápido possível, cave um buraco no solo, coloque-a lá dentro e a cubra com terra. Pronto.

Seria prudente fazer uma observação aqui. A magia de cura deve sempre ser usada em conjunto com a medicina convencional, e nunca substituí-la. Os médicos são as únicas pessoas qualificadas para ajudar seu corpo a se curar.

Definitivamente, você deve realizar magia de cura para si ou seus amigos, mas nunca deixe de buscar atenção médica qualificada. A medicina atual foi a magia de antigamente.

O leito de terra

Se você estiver doente, encontre um local de terra nua, onde ela não esteja coberta de concreto, plantas e folhas, ou seja, solo puro e simples.

Sente-se ou deite-se na terra. Visualize seu ferimento ou doença afundando nela. Sinta a dor e a angústia, os efeitos físicos e emocionais do problema escorrendo e penetrando o chão embaixo de você.

Perceba o ritmo da terra; sinta o ritmo constante da natureza pulsando. Ele deve pulsar junto com seu coração, até você sentir todo seu corpo ondulando com energia.

Então, sinta-a vir até você: uma energia suave, tranquila e profunda emergindo do solo e fluindo para dentro de você.

Levante-se, tire a poeira do corpo e veja se sente alguma diferença.

Se estiver acamado ou não puder fazer isso por algum outro motivo, tenha um prato ou pote de terra fresca em seu quarto. A terra emite vibrações de cura e sua presença ajudará em sua recuperação.

Um método simples é colocar um vaso de planta em seu quarto. Não só a planta dará sua própria energia de cura (a hera é ótima e não suscitará olhares estranhos), como o solo no qual está plantada também o ajudará.

Para acabar com seus problemas

Pegue um punhado de terra e olhe bem para ela. Despeje nela todos os seus problemas. Mentalize, nos mínimos detalhes, todos aqueles problemas que o afligem.

Quando terminar, jogue a terra para trás e afaste-se, sem se voltar.

Um amuleto de terra

Amarre, em um pequeno quadrado de tecido verde, um pouco de terra fresca e fértil. Amarre-o bem firme para a terra não escapar.

Carregue este amuleto consigo se tiver problemas com estabilidade, segurança e autocontrole. Se você tem uma tendência a deixar as emoções controlarem sua vida ou se está sempre irritado ou nervoso, este amuleto de terra vai ajudar.

Adivinhação com a terra

Encha de terra um pequeno recipiente plano de pelo menos 18 centímetros de diâmetro. Sente-se, relaxe e olhe fixamente, não para o solo, mas dentro dele. Em algum momento você começará a notar símbolos se revelando na terra.

Garrafa de proteção

Coloque terra fresca e limpa em uma garrafinha longa. Encha-a até a boca e tampe-a. Deixe-a perto da entrada, de preferência em uma janela, para impedir que o mal entre em seu lar.

No passado, acreditava-se que a terra confundia espíritos malignos e demônios, que tinham de contar cada grão na garrafa antes de entrar na casa.

Hoje, os espíritos malignos são vistos como a negatividade que ronda a Terra em grandes quantidades. Essa negatividade pode entrar em seu lar. Esta garrafa de proteção pode, portanto, ajudar a impedir isso.

Proteção de crianças

Para protegê-las enquanto você estiver fora, jogue um punhado de terra ou areia atrás delas quando sair, sem que saibam. Com isso, elas estarão seguras.

Feitiço da terra a longo prazo

Este feitiço é ideal se você for um bom jardineiro e não se importar de esperar alguns meses para que sua necessidade se manifeste. Pegue uma semente de uma planta que simbolize sua necessidade (veja o anexo III). Sobre um vaso de terra ou um terreno especial, segure a semente em sua mão dominante e visualize sua necessidade intensamente.

Converse com a semente. Conte-lhe por que você precisa de sua ajuda para realizar seu desejo.

Em seguida, plante-a, dando-lhe água e estímulos carinhosos.

Cuide bem da muda quando ela brotar e não deixe a planta morrer por negligência ou falta de cuidado. Se isso acontecer, seu desejo não se realizará. Pelo menos não até você fazer outro feitiço.

Se a planta crescer saudável e feliz, espere sua necessidade chegar. Assim que isso acontecer, cuide muito bem de sua planta mágica, pois ela não só representa sua necessidade, mas agora também é um ser vivo em desenvolvimento, que você trouxe à vida para satisfazer sua necessidade.

Você é responsável pela planta. Cuide dela e ela contará para você, e apenas para você, todos os segredos da magia da terra.

Variação

Em um pedaço de terra preparada, plante as sementes de uma planta apropriada na forma de um símbolo ou runa (veja o apêndice II) que represente sua necessidade.

Cuide do jardim. Quando as mudas começarem a brotar, desenhe um círculo na terra, ao redor do símbolo, com o indicador da sua mão dominante. Contemple, em silêncio, o símbolo de sua necessidade, vivo e em desenvolvimento. Ele brotou, assim como acontecerá com sua necessidade.

Capítulo 6

Magia do Ar

Sem ar nosso planeta seria um globo sem vida. Nenhuma forma de vida como a conhecemos poderia existir sem a combinação dos gases com os quais nosso planeta felizmente é abastecido.

Embora o ar seja invisível, é uma parte essencial da vida. Ele não é só necessário para a continuidade dela, como também afeta nossas vidas de formas dramáticas. Por ser invisível e, ao mesmo tempo, tão poderoso, vem sendo usado em feitiços e magia há muitas eras, e também encontrou seu caminho pelos ventos até o folclore e a mitologia de povos de todo o mundo.

Os feitiços e técnicas apresentados aqui usam o poder do ar elemental, visualizado como uma lufada de vento. Muitos dos próprios feitiços exigem vento ou, pelo menos, uma brisa, e também estão incluídos feitiços de controle do vento.

Uma advertência: a magia do ar é tão imprevisível quanto os ventos.

Os ventos

Por séculos, os povos acreditaram que o vento se constituía de quatro tipos básicos, correspondentes às quatro direções ou pontos cardeais da terra. São os ventos norte, leste, sul e oeste.

Cada um deles tem suas próprias virtudes mágicas, e certos feitiços são mais eficazes durante certos ventos.

Isso pode parecer um tanto desnecessariamente complicado, mas não precisa ser. Prestar atenção aos ventos ao realizar magia não é mais difícil que verificar a fase da lua, embora a "fase" do vento não dure tanto assim.

Na melhor das hipóteses, se montar um cata-vento ou uma biruta para identificar os ventos, você pode ajustar um pouco seus trabalhos de magia esperando pelo vento certo.

Naturalmente, se o vento soprou constantemente do norte a manhã toda, não adianta esperar por um vento vindo do oeste. O sistema está aqui para orientar e ajudar, não para controlar nossas ações. Você escolhe se quer verificar os ventos ou não.

Ao analisar as discussões seguintes a respeito de cada um dos ventos, tenha em mente que este não é um sistema absoluto, pois diferentes partes do mundo apontam-lhes atributos diferentes. Os atributos descritos a seguir são aqueles mais comuns na América do Norte e na Europa. Talvez seja preciso fazer adaptações para sua área, por causa do clima, da localização e de padrões climáticos.

Os quatro ventos estão minimamente relacionados aos elementos e pode-se ter isso em mente, mas cada um tem seus poderes peculiares.

Um ponto importante: ao falarmos, por exemplo, do vento norte, referimo-nos àquele que sopra dessa direção, e não para essa direção.

O vento norte

É o vento da morte, mas não necessariamente da morte física. É o domínio da única lei universal eterna – a mudança. "Morte" aqui se refere à eliminação da negatividade.

O vento norte é frio (magicamente falando), por soprar da direção do inverno, quando a neve se deposita sobre extensões de terra, formando camadas profundas. É "seco", ou estéril, facilitando a realização de feitiços de destruição.

Como usá-lo? Se você estiver deprimido, ansioso, com inveja, ciúme ou raiva e o vento estiver soprando do norte, encare-o e ele o libertará desses sentimentos.

Se quiser largar um mau hábito, realize qualquer feitiço dessa natureza enquanto o vento norte sopra e você terá mais poder.

Este vento, ao mesmo tempo em que é frio e repleto da noite, da morte e da neve extrema, também é o vento do elemento terra e, portanto, compartilha de algumas de suas qualidades. Mas o vento, por ser seco, não é favorável a magias de fertilidade e prosperidade, embora magias de cura possam ser muito favorecidas pelo vento norte.

Sua cor é o preto da meia-noite.

O vento leste

O vento que sopra do leste é aquele do frescor, da vida renovada, da força, do poder e do intelecto. É um vento quente e revigorante, que sopra do ponto em que o sol, a lua e as estrelas surgem no céu.

Portanto, é o vento relacionado aos inícios, aos novos fenômenos que nascem do trabalho do vento norte. O calor é o do sol e da centelha da criação.

Os feitiços mais beneficiados pelo vento que sopra do leste são aqueles relativos a progressos drásticos e mudanças para melhor, principalmente no comportamento. Além disso, feitiços do vento leste envolvem a mente e abrangem todos os feitiços associados ao elemento Ar, ao qual se relaciona magicamente.

É melhor não realizar feitiços de amor com um vento leste, a menos que você queira um amor bem intelectual. Mas talvez não haja nada errado com isso!

Como o leste é a direção do nascer do sol e da luz, a cor deste vento é a branca.

O vento sul

Quanto mais seguimos para o sul, mais quente fica – deste lado da linha do equador, pelo menos. Por isso, o vento sul é quente, escaldante.

Simbolicamente, ele rege o meio-dia, quando o sol (ou a lua) está no ponto mais elevado do céu, a hora de maior luz e calor. Por estar relacionado ao elemento do fogo, a magia do vento sul abrange o mesmo âmbito. Porém, quando sopra, o vento sul pode ser usado para qualquer tipo de magia. É uma boa ocasião para lançar feitiços.

Por ser forte e escaldante, feitiços realizados com ele têm garantida uma dose extra de poder. É sempre tão empolgante e interessante trabalhar com o vento sul!

Saiba, porém, que o fogo, mesmo aquele mais diluído do vento sul, pode ser perigoso. Como sabemos, o fogo pode queimar.

Qual é a cor do vento sul? Amarelo. O amarelo do sol do meio-dia.

O vento oeste

O vento oeste é fresco e úmido. Pode carregar um toque de chuva ou névoa ao percorrer a terra. É uma força fecunda e amorosa, gentil e persuasiva.

Rege simbolicamente o crepúsculo, quando tudo está parado: o dia e a noite se misturam em uma paisagem mágica de cores e brisas brandas. O pôr do sol, assim como o nascer do sol, é uma hora excelente para a prática da magia, principalmente se o vento correto estiver soprando.

A magia da água – relacionada ao amor, à cura, à fertilidade, entre outras coisas – é muito indicada com o vento oeste, pois ele acrescenta suas próprias forças e energias daquele quadrante. Especialmente benéfico para feitiços de purificação ou rituais puramente religiosos, o vento oeste é um alívio bem-vindo depois da brisa seca e quente do sul.

O vento oeste é o azul do céu logo antes de escurecer.

Como fazer um mapa dos ventos

Como já mencionado, a melhor forma de identificar os ventos é com um cata-vento ou uma biruta. Esta pode ser feita em segundos com um material barato e é tão precisa quanto qualquer outro instrumento.

Pegue uma faixa de um tecido pesado, mas flexível, com pelo menos 45 centímetros de comprimento (ou, se preferir, uma meia comprida limpa) e encontre um bom lugar em sua propriedade para suspendê-la. O local deve ser livre de construções ou árvores que possam bloquear os ventos. De preferência, deve ficar na sua propriedade e ser visível da casa.

Se você não tiver um local assim, uma antena no telhado pode servir. Amarre o tecido com firmeza na antena (ou em uma estaca alta o bastante para pegar o vento), garantindo que o vento não o solte nem o faça escorregar pela estaca.

Agora, estabeleça as direções e espere pelo vento. Quando ele soprar, o tecido tremulará na direção oposta. Portanto, quando o tecido tremular para o sul, é o vento norte que está soprando.

Se a biruta for visível de dentro de sua casa, será apenas uma questão de olhar para ela, identificar o vento a partir de sua condição e proceder daí.

Como invocar os quatro ventos

Muitos feitiços e rituais podem ser antecedidos de uma invocação aos ventos. Isso vale principalmente se você trabalhar muito com eles.

A ideia de invocar ou chamar os ventos é antiga, remontando no mínimo à Grécia clássica, e certamente a períodos anteriores. Não se trata apenas de convocar seu poder (todos os quatro ventos para ajudar em seu feitiço), mas também de fazer um anúncio geral de suas intenções. Isso é feito, na verdade, para o mundo todo.

Invocar os poderes dos ventos e pedir sua ajuda é uma ótima forma de iniciar qualquer feitiço. Como é a técnica?

Depois de reunir tudo de que você precisa para o feitiço no lugar em que irá executá-lo (de preferência ao ar livre), vire-se para o norte e diga algo como:

Ventos do norte!
Impetuosos e poderosos!
Ajudai-me em meu trabalho mágico!

Vire-se para o leste e diga:

Ventos do leste!
Ofuscantes e luminosos!
Ajudai-me em meu trabalho mágico!

De frente para o sul, diga:

Ventos do sul!
Ardentes e radiantes!
Ajudai-me em meu trabalho mágico!

Então, vire-se para o oeste e diga:

Ventos do oeste!
Suaves e revigorantes!
Ajudai-me em meu trabalho mágico!

Agora, continue com o feitiço, com a certeza de que os poderes antigos dos quatro ventos estão auxiliando em sua magia.

Como trabalhar com um único vento

Se estiver fazendo um feitiço regido por um vento, logo antes de começar, vire-se para a direção apropriada e diga as palavras acima associadas a ele. Aguarde um instante. Sinta o vento (mesmo que apenas na imaginação) soprar dessa direção, despertado por seu chamado mágico, soprando cada vez mais rápido em sua direção, com uma força incrível. (Também é uma boa ideia fazer isso ao invocar todos os quatro ventos.)

Em seguida, faça o feitiço.

Feitiços do ar

Estes são alguns dos trabalhos associados ao elemento Ar. Por conveniência, listei o vento apropriado a cada um, embora nunca seja necessário esperar até que o vento esteja realmente soprando para fazer esses feitiços.

Amarre seus problemas (vento norte)

Em uma moita ou arbusto resistente, preferencialmente já morto, mas ainda plantado no solo, em um lugar onde o vento sopre, livre e desimpedido, amarre ou encaixe na ponta de um galho ou graveto uma folha para cada um dos males que o atormentam. Se você amarrar a folha, use um barbante de fibra natural e deixe o nó um pouco frouxo.

Você só precisa fazer isso, pois o vento norte virá e, talvez devagar, desamarrará e soltará as folhas, liberando assim a energia e atuando para aliviar suas dificuldades.

Este feitiço dá resultados após um período de alguns dias ou até semanas, não minutos, então abandone o arbusto depois de realizá-lo. Se você esperar para observar, o vento talvez nunca venha. (É claro que você terá uma vantagem se realizar este trabalho durante uma forte brisa norte!)

Sino do amor (vento oeste)

Pendure um sino de timbre agradável em uma janela que permaneça aberta boa parte do dia e pela qual o vento sopre (de preferência o vento oeste).
Ao fazê-lo, declame o seguinte:

Pequeno sino do amor, eu o penduro para sussurrar meu desejo de amor às brisas e aos ventos.

Pequeno sino do amor, fale de meu desejo de amor a seus irmãos e irmãs.

Pequeno sino do amor, peço que fale com ternura e traga a mim alguém que escute.

Sempre que o sino badalar, ele "sussurrará" seu desejo de amor. (Os "irmãos e irmãs" são outros sinos que também emprestarão sua força ao feitiço.)

Para vencer o medo (vento sul)

Acenda uma vela amarela dentro de casa e contemple-a, sentado, em silêncio, por um instante. Veja as chamas da vela absorvendo seus medos e ansiedade. Veja a chama e a vela ficando embebidas deles.

Leve a vela para fora e deixe o vento apagar a chama. Está feito.

(Veja se tem uma brisa ou vento lá fora antes de tentar este feitiço.)

Para se comunicar com um amigo ausente (vento leste)

Ao ar livre, vire-se para a direção em que a pessoa está. Se não souber, repita os passos a seguir, voltado para cada direção, começando no norte.

Estenda os braços e as mãos e, com voz suave, mas clara, chame o nome da pessoa.

Visualize o rosto dessa pessoa. Chame o nome de novo, com mais força, e, então, uma terceira vez, bem alto.

A seguir, diga sua mensagem como se falasse com ela pessoalmente. A mensagem deve ser curta e precisa. Quando terminar, escute a resposta.

Não imagine uma resposta, ouça-a.

Isso funciona melhor com a prática, ou com amigos mais íntimos.

Para tomar uma decisão (vento leste)

Ao se deparar com muitas opções, escreva cada uma delas em pequenas tiras de papel. Dobre cada uma duas vezes e coloque-as sobre uma mesa livre (isto é, que não esteja encostada em uma parede) em um lugar onde esteja soprando um vento suave.

O vento deve fazer os papéis se mexerem em cima da mesa e, então, caírem ao chão. O último papel a permanecer na mesa (ou o último a cair, caso não consiga pegá-lo a tempo) é sua escolha, se decidir segui-la.

COMO DETERMINAR UM VENTO

Como você viu, a magia do ar pode ser feita de dois modos: usando efetivamente o elemento Ar por meio de um dos feitiços anteriores, invocando o vento correto ou não; ou simplesmente invocando os poderes de todos os ventos ou de um em particular e fazendo outro tipo de feitiço.

Para feitiços em que você deseja invocar um vento, mas não sabe qual é o mais apropriado, o seguinte feitiço pode ser usado:

Em um utensílio ou área à prova de fogo, faça uma pequena fogueira com qualquer tipo de madeira, ou use carvão e o acenda.

Então, quando a fogueira estiver ardendo em chamas ou os carvões estiverem brilhando, jogue ramos verdes de árvores e arbustos na fogueira ou nos carvões para levantar fumaça, que deve ser constante. O fogo não é importante agora, apenas a fumaça.

Veja para que direção ela vai.

Ela pode seguir direto em uma direção ou subir, formando uma coluna. Se isto ocorrer, continue observando, pois ela acabará virando. A direção para a qual a fumaça seguir é o vento apropriado para o feitiço que você planeja fazer.

Dá um pouco de trabalho, com certeza, mas funciona.

Certifique-se de apagar o fogo de maneira segura, com areia ou água, antes de sair da área.

PARA FAZER SOPRAR OS VENTOS

A faixa do tempo

Usada para fazer soprar os ventos no mar (para enfunar as velas) ou em terra. Em uma velha tira de couro cru mais ou menos do comprimento de seu braço, faça um nó a uns 7 centímetros da ponta, um segundo a uns 15 centímetros do primeiro, e um terceiro a 23 centímetros do segundo.

Para ativar o feitiço, desate os nós:

Para uma brisa suave, desfaça o primeiro nó, concentrando-se no sopro do vento sobre as ondas, as folhas ou a grama.

Para um vento mais forte, desate o segundo nó, concentrando-se em um vento constante enfunando as velas de um navio.

Para uma ventania (cuidado!), desamarre o último nó, pensando em uma forte ventania e muita ação dos ventos.

Está feito.

Para fazer soprar o vento

Primeiro, olhe para a direção adequada à época do ano:

No inverno, tente o vento norte.
Na primavera, experimente o vento leste.
No verão, tente o vento sul.
No outono, experimente o vento oeste.

Volte-se para a direção apropriada e assobie, um assovio longo e agudo, abaixando o tom no final. Faça isso três vezes.
O melhor horário para invocar o vento é ao nascer do sol.

Para levantar ventos

Pegue vários punhados de areia e jogue-os no ar. No terceiro ou quarto punhado, o vento já deve ter se erguido e soprado a areia de sua mão. Use areia fina e limpa para este feitiço.

Para parar o vento

Pegue quatro penas, de preferência uma branca, uma azul, uma amarela e uma preta, para representar os quatro ventos. Amarre bem essas penas juntas com um barbante grosso. Coloque-as no fundo de uma tigela e cubra-as completamente com sal até não serem mais visíveis.
Isto deterá os ventos e eles logo enfraquecerão.

Para acabar com um ciclone

Vá para um campo e finque uma faca no solo, com o gume afiado da lâmina voltado para a tempestade que se aproxima.

Acredita-se que a faca "cortará o vento" , de modo que a área em que você está seja poupada.

Para fazer soprar o vento no litoral

Pegue um pedaço comprido de alga marinha, enrole-o na cabeça e assovie.

Capítulo 7

Magia do Fogo

O fogo sempre inspirou reverência religiosa. Sua forma inconstante, variedades de cores, calor e luz, mais as mudanças físicas que ele produz, são a substância de que é feita a magia.

Antes da descoberta do modo de fazer fogo, este deve ter sido de fato um mundo escuro. Com o uso de fricção e pederneiras, os seres humanos capturaram essa essência divina, e ela mudou o mundo para sempre.

Embora o chamado culto ao fogo não passe, em geral, de um eufemismo educado para a reverência mística do sexo, houve várias religiões que veneraram o fogo como um símbolo da divindade.

Quem não ouviu falar das chamas eternas cuidadas pelas vestais romanas em seus altares? Até hoje, as sinagogas mantêm uma chama eterna, e alguns túmulos, como o de John F. Kennedy, também a têm.

Embora a importância religiosa do fogo tenha sido esquecida pela maioria de nós nos dias de hoje, ele ainda está em evidência nos altares de muitas das principais religiões do mundo. Que altar católico estaria completo sem as velas acesas? Tanto a chama brilhante de uma vela como uma grande fogueira crepitante no topo de uma montanha solitária são objetos de poder que podem ser usados na magia.

O fato de o fogo ser um elemento poderoso fez com que os antigos o cultuassem. A presença de velas acesas no altar durante a missa não é por acaso: tais velas liberam suas próprias energias para os ritos, assim como a fumaça de incenso nos turíbulos reluzentes e as orações dos devotos.

A magia das velas está novamente se tornando muito popular, talvez por ser simples e eficaz. Embora essa possa ser a única forma de magia do fogo prontamente disponível, está longe de ser a única conhecida atualmente. Essas outras formas é que serão investigadas aqui. (Veja o capítulo 13: Magia das Velas.)

A magia do fogo pode ser realizada onde se possa acender uma fogueira com segurança. Uma lareira interna ou externa, uma churrasqueira, um terreno aberto ou um buraco especialmente cavado para isso, com tijolos ou pedras revestindo seu interior, enfim, qualquer coisa servirá, desde que o fogo possa ser aceso com segurança em uma área onde você tenha privacidade para fazer sua magia.

Para alguns feitiços você precisará apenas de uns poucos gravetos. Para outros, verdadeiras fogueiras ou séries delas serão necessárias. Pode-se usar qualquer tipo de combustível, desde que seja puro, seco e não tenha seiva demais.

(Se você quiser aumentar a potência de sua magia de fogo, veja o capítulo 10: Magia das Árvores, para tipos específicos de madeira e seus poderes. Lembre-se: sempre que você mesmo colher a madeira, converse com a árvore, agradeça-a pela lenha e deixe uma oferenda no chão.)

Em razão de sua natureza inflamável, é melhor realizar este tipo de magia em um local deserto, mas qualquer lugar serve.

Uma purificação

Se quiser se ver livre de um hábito, pensamento, ideia, associações com o passado, culpa ou bloqueio, pegue os símbolos desse problema – qualquer que seja ele – e jogue-os em uma fogueira intensa. O fogo consumirá os símbolos e, assim, também o poder que tinham sobre você.

Para descobrir os símbolos, pense por alguns instantes: se você come demais, pegue uma porção de sua comida favorita e jogue-a ao fogo. No caso de fumo ou bebida, faça o mesmo. Para problemas que não envolvem objetos concretos, desenhe um símbolo ou imagem e queime-o.

Um feitiço de proteção com o elemento fogo

Em uma área aberta com pelo menos 6 metros de diâmetro, reúna bastante madeira, fósforos e uma quantidade de água. Pegando um dos galhos, desenhe um círculo de uns 3 metros de diâmetro. Encontre as direções (use uma bússola, o sol, a lua ou as estrelas) e monte uma pequena fogueira em cada ponto cardeal dentro do círculo: norte, leste, sul e oeste.

Prepare as fogueiras, mas não as acenda. Perto de cada uma, coloque combustível o bastante para deixá-las queimar por pelo menos meia hora.

Colocando-se primeiro no ponto sul, acenda a fogueira e pronuncie estas palavras com voz forte:

Nada vindo do sul pode me fazer mal!

Vá para o ponto oeste.

Acenda a fogueira e diga:

Nada vindo do oeste pode me fazer mal!

No ponto norte, acenda a fogueira, dizendo:

Nada vindo do norte pode me fazer mal!

Finalmente, no ponto leste, acenda a fogueira e diga:

Nada vindo do leste pode me fazer mal!

Pegue um galho aceso da fogueira do ponto sul, levante-o para o céu (tome cuidado com fagulhas e cinzas ardentes) e diga:

Nada vindo de cima pode me fazer mal!

A seguir, jogue o galho aceso na terra, dizendo:

Nada vindo de baixo pode me fazer mal!

Devolva o galho à fogueira do ponto sul e sente-se no meio círculo, observando o fogo queimar. Se necessário, coloque mais combustível.

Saiba que as fogueiras estão literalmente queimando tudo que se aproxima para lhe fazer mal, em todos os níveis.

Fixe bem na mente a visão das fogueiras queimando ao seu redor, a sensação de seu calor (que pode se tornar intenso), sua luz e suas qualidades protetoras.

Quando as fogueiras começarem a se extinguir e você sentir o poder minguar, cubra-as com terra ou areia, derrame água por cima e apague o círculo que desenhou no chão.

Saia da área, mas guarde o círculo ígneo de proteção na memória, para que possa ser evocado sempre que sentir necessidade de proteção: física, espiritual ou mental.

Se não puder realizar este ritual ao ar livre, substitua as fogueiras por quatro grandes velas vermelhas. Realize o feitiço citado, acendendo as velas em vez de fogueiras, até que todas as quatro estejam acesas e você tenha dito as palavras.

Então, em vez de pegar um galho aceso da fogueira sul, pegue a vela desse quadrante e segure-a com cuidado acima da cabeça. Diga as palavras e coloque-a ao chão dizendo as palavras respectivas. Quando o ritual terminar, apague as velas com os dedos, começando pelo oeste (nunca as assopre).

Adivinhação com fogo

Acenda uma fogueira e observe com que rapidez a madeira começa a queimar. Se ela pegar fogo rápido, é um bom sinal, e você deve passar à adivinhação.

Se ela ficar hesitante, ou se você precisar usar vários fósforos para conseguir botar fogo até no menor graveto, deixe o projeto para outro momento.

Alguns dizem que, se o fogo acender rápido, é sinal de visitantes a caminho. Outros dizem que, se for difícil acendê-lo, choverá.

Quando a fogueira estiver realmente acesa, observe suas chamas com atenção.

Se o fogo queimar em apenas um lado da lareira, fosso ou área, talvez haja amor no ar.

Muitos estalidos indicam azar no futuro. Faça feitiços de proteção.

Um espaço evidente aberto no meio das chamas prevê o fim de um problema que o incomoda.

Se o fogo subir de repente pela chaminé ou no ar sem nenhum motivo aparente, uma discussão acalorada pode ocorrer em breve. Cuidado com suas palavras.

Fagulhas na parte de trás da chaminé ou, se estiver ao ar livre, elevando-se agressivas no ar, significam que você receberá uma notícia importante.

Se um ente querido estiver longe de casa, remexa o fogo com um atiçador ou graveto. Se línguas de fogo subirem depressa, pode ter certeza de que a pessoa está bem, segura e feliz.

Por fim, se três grandes línguas de fogo se elevarem e queimarem separadamente, logo acontecerá um evento significativo em sua vida.

Outra adivinhação com fogo

Quando o fogo diminuir, transformando-se em uma massa vermelho-esbranquiçada de carvões em brasa, olhe fixamente para seu centro. Se quiser, jogue um pouco de incenso Fogo de Azrael sobre os carvões (partes iguais de cedro, zimbro e sândalo). Ele erguerá chamas e queimará, mas logo se apagará.

Com a fumaça aromática saindo do incenso divinatório, observe atentamente os carvões. Veja quais figuras a madeira carbonizada parece formar e interprete seus significados por meio da linguagem do simbolismo.

Adivinhação com casca de árvore

Pegue um pedaço largo e fino de casca de árvore. Coloque-o em uma fogueira intensa até levantar chamas e, então, afaste-o rapidamente, a uma pequena distância da fogueira.

Quando a casca parar de queimar, analise com atenção os símbolos visíveis na madeira queimada.

Para cura

Acenda uma fogueira com madeira de carvalho, se possível. Quando a maior parte da madeira se reduzir a carvão em brasa, pegue um carvão com cuidado com uma pinça ou uma pá e jogue-o imediatamente em um rio ou pote de água fria. Enquanto o carvão chia e estala, visualize a doença abandonando o corpo do doente. Repita esta operação mais três vezes.

Para se comunicar com outras pessoas

Escreva uma carta para um amigo distante, como se você fosse enviá-la pelo correio. Em seguida, acenda uma fogueira e jogue a carta nela, visualizando intensamente o rosto da pessoa. Você receberá uma resposta.

Feitiço do sol e da lupa

Pegue um pedaço de papel e faça o desenho de um problema ou influência negativa em sua vida. Em um dia ensolarado, leve o papel e uma lupa para fora. Coloque o papel em uma superfície à prova de calor e segure a lupa para seu poder se concentrar no meio do papel.

Quando o papel começar a queimar, diga:

Os raios brilhantes do sol, através desta lente,
Afugentam todo o mal e o perigo.
Vocês não incomodarão mais.
Sumam! Com este símbolo eu os faço partir.

O problema será resolvido.

Um amuleto antichamas

Para proteger seu lar da destruição por incêndio, coloque um pouco de visco em uma bolsinha azul com cordão, encharque-a com água fresca e limpa e coloque-a no "coração" da casa, onde você e sua família passam a maior parte do tempo.

Ou acenda um pedaço de madeira e queime-o até virar cinzas. Molhe as cinzas, deixe-as secar e pendure-as em uma bolsinha azul com cordão. Está feito.

Capítulo 8

Magia da Água

A água nos fascina há séculos. É uma necessidade vital, perdendo apenas para o ar, e assim sua santidade se explica em parte por tal dependência. Como a água nos sustenta, os povos antigos a consideravam divina.

A magia da água celebra sua natureza misteriosa, geradora de vida, com uma série de adivinhações, feitiços e rituais. Aqui estão alguns deles.

Contemplação da Água

Uma das formas de adivinhação mais antigas, agradáveis e relaxantes é a contemplação da água. Embora quase todos conheçam a prática da contemplação de cristais, poucos parecem conhecer sua antecessora.

Há três formas básicas desta prática. Todas usam a mesma técnica, mas pontos focais diferentes. São elas:

1. Contemplação da água corrente, como um rio ou riacho.
2. Contemplação dos reflexos da luz do sol na superfície de um lago ou do oceano.
3. Contemplação dos reflexos do sol na água, como nas laterais de um barco ou navio, em uma estrutura ou qualquer outro objeto próximo.

Talvez demore um pouco para você encontrar um lugar ideal e, em uma emergência, uma piscina pode substituir a última forma, mas, uma vez encontrado o local, você terá vencido a maior dificuldade.

Encontre um lugar confortável para se sentar. Relaxe, silencie a mente, afastando os milhares de pensamentos que passam por ela a cada segundo de consciência desperta. Suavemente, com as pálpebras relaxadas, mas não muito fechadas, contemple a água, ou o brilho do sol dançando como diamantes, ou os reflexos da luz do sol lançados pela água em alguma superfície.

Limpe seus pensamentos. Se você precisa de resposta para uma questão específica, quando tiver atingido esse estado letárgico, formule a pergunta enquanto ainda mantém a contemplação. Se nenhuma resposta vier imediatamente à mente (cuidado com os truques da mente consciente, que pode mandar respostas que atendam aos nossos desejos), pare e tente de novo alguns minutos depois.

Se estiver perguntando sobre um amigo ausente ou um objeto perdido, veja a pessoa ou o objeto em sua mente, deixe a imagem desaparecer e observe o que toma seu lugar em sua imaginação.

Se, porém, você não tiver um propósito especial para a contemplação na água, sente-se em silêncio e espere até sentimentos, emoções, símbolos ou imagens se formarem diante de seus olhos, com o auxílio da misteriosa água, sempre em movimento.

Embora geralmente seja necessário um pouco de prática antes de se conseguir perceber mensagens ou imagens psíquicas, uma vez conquistada a capacidade, você terá domínio dessa arte para sempre.

Já passei horas sentado em um local que avança para o Oceano Pacífico, contemplando os raios do sol sobre o vasto azul profundo.

Também já contemplei a água na beira de píeres, nas paredes próximas a uma piscina ao ar livre, em uma fonte de um parque público, uma poça no meio da calçada, até na banheira enquanto o sol brilhava por uma janela e provocava reflexos que se moviam loucamente nos azulejos das paredes.

Uma advertência: reflexos claros demais podem danificar sua visão. Se você não consegue olhar para os raios do sol por mais de alguns segundos sem piscar, não tente a contemplação da água. Espere até a luz estar mais suave.

Magia em nascentes e fontes

Você já atirou uma moeda em uma fonte e fez um pedido? É uma forma de magia da água que sobrevive até hoje, talvez porque mesmo nestes tempos "esclarecidos" ainda sejamos inconscientemente atraídos pelas antigas formas de magia.

As fontes há muito são associadas com a feminilidade e com a própria grande deusa da natureza, aquela que nos dá o sustento. Com o passar do tempo, elas se tornaram mais populares que as nascentes em razão da nova ideia de que locais construídos artificialmente têm mais magia do que aqueles dos antigos tempos "pagãos". Isso é resultado direto do crescimento do poder político e da influência social que o Cristianismo tem desfrutado na Europa desde o século X até hoje.

Muitas fontes passaram a ser associadas a santos, e acredita-se que curas e outros milagres tenham ocorrido junto a elas. A fonte do cálice [Chalice Well] na Abadia de Glastonbury, na Inglaterra, é um excelente exemplo de uma antiga nascente mágica que foi transformada em uma "fonte" pelo trabalho de antigos místicos cristãos.

Mas as nascentes são usadas em magia muito antes das fontes. Uma nascente borbulhando misteriosamente da terra sempre foi motivo de reverência. Não é só uma fonte valiosa de substância geradora de vida, como também um lugar natural para realizar magia de todos os tipos, como o seguinte feitiço:

Um feitiço de nascente

Pegue uma pedrinha de uma nascente próxima. Em sua superfície, usando a seiva de uma planta local ou giz, marque sua necessidade com figuras, símbolos ou runas (para saber mais sobre runas, veja o anexo II).

Segure a pedra em sua mão dominante e caminhe três vezes em volta da nascente no sentido horário. Se isso não for possível por causa da localização da nascente, ande em círculo diante dela, três vezes no sentido horário.

Erga a pedra em sua mão dominante e, mirando diretamente o centro da nascente, diga o seguinte:

**Fonte de água limpa, que continuamente jorra,
Realiza o desejo que te faço agora.**

Feche os olhos e deixe a pedra cair na nascente. Tome um gole da água. Isto sela o feitiço. Deixe uma lembrança em agradecimento ao espírito da nascente.

Se nada acontecer ao longo de três luas cheias, repita o feitiço.

MAGIA DE LAGOA

Uma lagoa ou lago de águas calmas é um lugar ideal para fazer adivinhações mágicas:

Anéis de água

Encontre uma pedra ou seixo liso e arredondado. Faça uma pergunta cuja resposta seja "sim" ou "não" e atire a pedra na lagoa.

Conte os anéis que se formarem. Se forem em número ímpar, a resposta é sim. Se par, a resposta é não.

Magia de córrego

Os córregos, as veias e artérias da terra, há muito são usados em feitiços, em geral para remover algo que afete negativamente o praticante, ou para limpar e curar. Isso fica bem evidente nos seguintes feitiços:

Cura

Quando estiver doente, procure um córrego raso, de água corrente límpida e clara. Tire a roupa (use uma roupa de banho, se preferir) e entre no córrego. Abaixe-se até a água cobrir todo o seu corpo. Se seu problema for na cabeça, mergulhe inclusive a cabeça na água por alguns segundos antes de começar a próxima parte do feitiço.

Sinta o frescor da água na sua pele, sinta que ela o purifica, lavando seu corpo da sujeira, de grãos de terra e de doenças. Comece a entoar, com voz suave, as seguintes palavras, visualizando a enfermidade como "vermes negros" que se contorcem para fora de seu corpo, passando à água do rio e se afastando de você na direção do mar primevo, onde a água será purificada.

A enfermidade de mim se afasta
Passa ao rio e desce ao mar.

Repita o cântico por vários minutos até sentir vontade de parar.

Saia da água e se seque. Está feito.

Naturalmente, não se deve tentar isso em um rio de correnteza forte, se você estiver doente demais para se movimentar ou em substituição a atendimento médico qualificado. Mas pode auxiliar nos processos de cura do corpo.

Veleiro de doenças

Encontre um pequeno pedaço de madeira, que flutue, e o leve a um rio. Com uma faca, entalhe na madeira todos os seus problemas, usando palavras, figuras ou símbolos. Descreva ou retrate na madeira todos os problemas em que você puder pensar.

Se quiser, você pode usar uma caneta para escrever as palavras, mas isso não funcionará tão bem.

Enquanto faz os entalhes, transfira para a madeira todas as suas preocupações, problemas e sofrimentos. Quando tiver terminado, deixe-a flutuar na água, vire-se de costas e vá embora. Não torne a olhar para ela enquanto se afasta.

Volte para casa confiante de que ela descerá o rio e, em sua jornada, liberará seus problemas, um a um, na água, a grande purificadora.

Se quiser, você pode acrescentar um pequeno mastro e uma vela para ajudá-lo em sua jornada.

OUTRAS MAGIAS DA ÁGUA

Os feitiços a seguir, muitos dos quais podem ser realizados dentro de casa, usam a magia da água de todas as maneiras clássicas.

Adivinhação com flores e água

Este feitiço, derivado de uma antiga prática grega, requer uma grande tigela ou bacia, de preferência redonda, com cerca de 30 centímetros de diâmetro e de 7 a 10 centímetros de profundidade. Você também vai precisar de água limpa e de várias florzinhas recém-colhidas, cada uma de cor e aparência, etc., diferentes das demais, para serem reconhecidas.

Este feitiço é usado para determinar o caminho a seguir quando várias vias diferentes se abrem para você.

Leve a bacia cheia de água e as flores para fora e coloque-as sobre uma mesa ou no chão. Sente-se diante da bacia. Pegando uma das flores, nomeie-a com uma de suas opções (por exemplo, "venda", "compre" ou "espere") e coloque-a na água, junto à borda mais afastada da bacia.

Repita este processo para cada opção que tiver. Quando todas as flores forem nomeadas (lembre-se do que cada uma representa), sente-se em silêncio diante da bacia, assobiando ao acaso, sem entoar uma música específica e pensando em seu dilema.

O vento deve mover uma das flores na sua direção (ou ela pode parecer se mover sem ajuda). Isto representa o caminho a ser seguido.

Se nenhuma das flores se mexer de imediato, talvez não haja resposta à sua pergunta. Não se aflija. Deixe a tigela e as flores onde estão por algumas horas ou de um dia para o outro, se quiser. Olhe para ela depois. Uma das flores com certeza terá se movido e, a julgar por sua posição com relação ao local onde você se sentou, terá uma resposta.

Se duas ou três flores tiverem se mexido, use a mais próxima à sua posição original diante da tigela para determinar a resposta. Se uma ou mais flores tiverem desaparecido, é óbvio que não indicavam a escolha certa.

O caldeirão e a faca

Logo antes de dormir, encha um caldeirão (balde velho, vaso ou panela de ferro) com água e coloque-o dentro de casa, perto da porta da frente. Pegue uma faca afiada e coloque-a na água com a ponta voltada para baixo, dizendo:

Coloco esta lâmina na água, para proteger de sombras e ladrões.
Que ninguém de carne e osso ou assombrações,
Entre nesta minha morada.

Este é um excelente feitiço de proteção e deve ser realizado todas as noites, antes de dormir. Pela manhã, retire a faca, enxugue a lâmina e guarde-a em um local seguro.

Sem tocá-la, jogue a água fora (ou pelo ralo, se necessário) e guarde o caldeirão ou o balde.

Obviamente, não faça este feitiço se você espera a chegada de alguém durante a noite. A entrada dessa pessoa em sua casa seria perigosa e especialmente molhada.

Isto pode ser feito diante de todas as portas, se você desejar, e protegerá contra mais que seres humanos.

O lago sagrado

Os lagos às vezes são conhecidos como espelhos de Diana. Na noite de lua cheia, procure o reflexo dela nas calmas águas negras do lago. Deite-se e contemple o reflexo, usando a mesma técnica de contemplação da água. É provável que você comece a ver símbolos ou até receba mensagens psíquicas. Por tradição, costuma-se invocar Diana, deusa da lua, durante a realização deste trabalho.

Cruzar a água

Se você estiver caminhando ou dirigindo e sentir algum perigo ou "mal" nas proximidades, tente atravessar uma massa de água. Isso pode consistir em atravessar, de carro, uma ponte, ou pular a água de uma sarjeta ou córrego. O mal e o perigo não podem cruzar a água, pois ela os neutraliza e purifica, deixando-o a salvo.

Este é um costume antigo, mas ainda pode ser praticado hoje com bons resultados.

Um feitiço para dinheiro

Sob o luar, capte o reflexo da lua em um prato com água e mergulhe suas mãos. Em seguida, deixe as mãos secarem. Você receberá dinheiro de uma fonte inesperada em 28 dias. Este feitiço deve ser feito durante a lua crescente.

Outra versão deste feitiço pode ser feita a qualquer momento, mesmo quando a lua não estiver visível. Leve uma vasilha (de preferência de prata) para um lugar escuro. Jogue uma moeda ou joia de prata na água e molhe as mãos.

Água curativa

Coloque uma pedra furada (veja o capítulo 11: Magia do Mar) em um recipiente com água limpa. Retire-a e a água estará carregada de vibrações de cura que podem ser usadas em banhos curativos, para untar amuletos de cura, entre outras coisas.

Um espelho d'água

Coloque água em uma tigela e pingue uma gota de um óleo pesado na superfície da água. Observe a gota como você faria com uma bola de cristal e interprete o que vê.

Um banho curativo

Esta é uma versão mais prática da técnica de cura em um rio, descrita anteriormente.

Leve para o banheiro uma vela prateada ou branca acesa, sal e um óleo curativo (como cravo, violeta, sândalo ou narciso).

À luz da vela, prepare uma banheira com água quente, acrescente sal e algumas gotas do óleo curativo, e entre nela.

Relaxe. Sinta essa água salgada e quente penetrar seus poros, sua pele, esterilizando os pontos adoecidos de seu corpo.

Visualize os "vermes negros" saindo de seu corpo, se quiser, e, quando sentir a água cheia deles, tire a tampa do ralo e deixe a água escoar. Enquanto ela escoa, entoe as palavras antes mencionadas, com uma pequena alteração:

**A doença de mim se afasta,
Para a água, até o mar.**

Levante-se apenas quando a banheira estiver completamente vazia. É melhor lavar o corpo com água limpa logo em seguida (uma chuveirada é o ideal) para retirar os últimos vestígios da doença que passou àquela água da banheira.

Repita sempre que precisar para acelerar a recuperação do corpo.

Parte III
Magia Natural

Capítulo 9

Magia das Pedras

Quase todos conhecem a magia das pedras, pois a maioria sabe ao menos da existência das pedras regentes dos signos, a pedra que se acredita "pertencer" ao mês de seu nascimento. Há também sobre os poderes e usos mágicos de pedras preciosas e semipreciosas. Há anos, costuma-se dizer que pérolas causam lágrimas, opalas dão azar a alguns que as usam e os diamantes representam a constância do amor, sendo, por isso, usados em alianças de noivado e casamento.

Embora as tradições e crenças a respeito das pedras preciosas e semipreciosas sejam muitas vezes contraditórias (algumas fontes dizem que pérolas causam lágrimas de alegria e opalas trazem boa sorte), isso não importa, pois esta é uma prática cara, que poucos de nós podem bancar.

Mas as pedras comuns do cotidiano, que você vê na rua ou desenterra do jardim, aquelas encontradas nas margens de rios ou em praias ou que se encontram espalhadas como se uma mão gigantesca as tivesse jogado pelo campo, são dotadas de poderes e podem ser usadas em magia tanto quanto aquelas de enorme valor comercial.

Uma pedra não tem um poder especial só por ser valiosa. É verdade que, quanto mais rara a pedra, maior a mística em torno dela. Os diamantes são um excelente exemplo disso. Mas eles não são necessários na magia.

Você já saiu por aí coletando pedras durante as férias, guardando seixos por nenhum motivo aparente? Ou talvez já tenha comprado um pedaço brilhante de ágata ou ônix em uma loja de presentes ou de suvenires. Já se perguntou por quê?

Há centenas de milhares de anos, as pedras eram usadas como ferramentas. Elas e os ossos eram as únicas ferramentas disponíveis, e os povos antigos os usavam para coletar plantas que serviriam de alimento, para caçar, costurar e para quaisquer tarefas que não conseguiriam realizar apenas com as mãos.

Hoje não se pensa muito nas pedras, a menos que um jardineiro as encontre no solo, e as amaldiçoe em silêncio pelo trabalho que lhe darão. Mas podem ser ferramentas valiosas na magia, são baratas e fáceis de conseguir. Mora na cidade? Deve haver um parque ou um terreno baldio em algum lugar.

MEDITAÇÕES COM PEDRAS

Para entrar em contato com as energias das pedras, pegue uma que o atraia. Ela deve ser pequena o suficiente para você segurar na mão, este é o único critério.

Coloque-a em sua mão dominante e sente-se em silêncio. Feche os olhos e direcione sua consciência para a mão. Sinta a pedra. Explore-a com a mente, notando sua textura e temperatura, sua firmeza e quaisquer pedaços de terra grudados nela.

Depois disso, segure a pedra passivamente e deixe-a "falar" com você. Ela o fará por meio de vibrações, a essência de toda a magia. Elas virão de dentro da rocha, e você as sentirá na mão, pulsando não só contra a palma, mas também contra os dedos e o polegar.

Se as vibrações forem aceleradas e vigorosas, trata-se de uma rocha de "alta vibração", isto é, tem vibrações que logo se dispersam e, assim, agirá com rapidez em qualquer feitiço em que a usar.

Se as vibrações ou pulsos forem lentos e tranquilos, é uma pedra de "baixa vibração" e seus usos serão diferentes.

Isso deve ser feito com todas as pedras que você pretende usar na magia. Embora possa parecer um procedimento longo, na verdade é bem rápido. Uma vez que você conheça as vibrações, ele pode ser feito em questão de segundos.

Estas são algumas formas de usar essas pedras:

Pedras de adivinhação

Esta é uma técnica simples usada para obter respostas sim ou não para perguntas pertinentes. Como tal, é uma forma de adivinhação.

As pedras já existem há muito tempo e continuarão por aqui por ainda longos períodos. Por isso, são símbolos da sabedoria da eternidade. Muitos recorrem a elas em busca de respostas a questões importantes.

Arrume três pedras. Uma delas, de cor clara, deve ser de alta vibração. Outra, de cor escura, deve ter baixas vibrações. Selecione uma terceira que pareça emitir vibrações médias, nem altas nem baixas. Esta deve ter uma cor tal para ser facilmente diferenciada das outras. Todas as três, na verdade, devem ter aparência única, para serem reconhecidas logo de cara.

Quando precisar de uma resposta sim ou não a uma pergunta, agite as pedras nas mãos, como dados, fazendo a pergunta mentalmente, e jogue-as em uma superfície plana, de preferência no chão. Uma mesa serve.

Quando as pedras pararem, interprete a resposta por suas posições. Se a pedra do "sim" estiver mais próxima do indicador, esta é a resposta. O mesmo vale para a pedra do "não". Se as pedras estiverem a uma mesma distância, não há resposta.

Este método simples pode ser bem preciso e eu o uso há anos com bons resultados.

As pedras devem ser guardadas em um saquinho próprio guardado em um lugar protegido e não devem ser usadas para outros propósitos.

Com prática, pode-se obter uma resposta mais definitiva. As posições das pedras, sua proximidade com o adivinho e as questões feitas devem ser, todas, levadas em conta. Quanto mais perto as pedras estiverem do indicador, mais forte é a resposta.

Com prática e experiência você terá maior precisão com as pedras divinatórias.

Pedras falantes

Nesta técnica, as pedras são golpeadas com facas para produzir som. Se você encontrar a faca e a pedra certas, o som será musical e, se repetido, pode ser usado para induzir uma espécie de transe.

Pedras de alta vibração são mais indicadas para isso. A técnica é simples: segure a pedra e bata nela suavemente com a lâmina de uma faca. Tenha uma grande variedade de facas e pedras (tome cuidado com as facas – elas devem estar cegas para esse uso).

Depois de um tempo experimentando combinações, selecione aquela que produz o melhor som. Em uma sala iluminada por velas, ou em um monte onde sopra o vento ou em qualquer outro lugar, é claro, bata na pedra e ouça o som.

Repita no ritmo que quiser. Assim como o tambor ou o chocalho de um curandeiro, os sons e ritmos servirão para colocá-lo em um estado de relaxamento e letargia. Durante esse período, você pode fazer adivinhações, uma meditação ou apenas vivenciar o momento e as sensações.

Isto deve ser feito sem que os outros vejam (e ouçam). É muito poderoso à noite, sob a lua cheia, e pode sugerir outros usos.

A mesma técnica pode ser usada com gongos ou sinos, mas isso está fora de nossa área de interesse.

Para se comunicar com os outros a longas distâncias

Em uma pedra de alta vibração, marque sua mensagem com giz ou carvão. Enterre-a bem fundo no solo enquanto visualiza o rosto da pessoa, e sua mensagem será enviada.

Pedra protetora

Pegue uma pedrinha de alta vibração e segure-a em sua mão dominante. Por alguns minutos, de preferência sentado na terra nua, cante o seguinte em voz baixa, sem tirar os olhos da pedra:

> **Pedra, o mal deves negar,**
> **Enviar para a terra e o céu.**
> **Enviar para o fogo e o mar.**
> **Pedra de poder, protege-me.**

Agora, carregue a pedra consigo o tempo todo como um amuleto da sorte. Ela não só absorverá suas próprias vibrações pessoais, tornando-se unicamente sua, como também liberará suas energias naturais para formar uma espécie de barreira protetora ao seu redor, um escudo de poder protetor para você passar o dia ileso.

Um círculo de pedras

Se quiser carregar ou energizar qualquer objeto, como um anel, uma joia, entre outras coisas, pegue um punhado de pedras de alta vibração, em um número ímpar, e, com elas, forme um círculo numa mesa, no piso ou, de preferência, na terra. Este último lugar é também o mais difícil, pois as pedras devem ser colocadas onde possam permanecer por pelo menos um dia. O método da mesa é mais fácil.

Tendo posicionado as pedras, coloque o objeto a ser carregado bem no centro do círculo.

Basta fazer isso, pois as pedras realizarão sua magia, infundindo fortes vibrações no objeto. Se quiser aumentar o poder do feitiço, desenhe a runa apropriada (veja o apêndice II) em cada pedra antes de formar o círculo. Isso lhe permitirá impregnar o objeto com energias específicas.

Um exemplo disso pode ser um anel que você está prestes a dar à pessoa amada. As runas de "amor" e "proteção" podem ser traçadas nas pedras para garantir que a pessoa receba amor e proteção.

Pote de pedras

Encha um velho pote ou jarro com pedras de baixa vibração. Coloque-o em um local escondido na sua casa, onde ninguém mexa.

As pedras emanarão sua baixa energia para toda a área, distribuindo paz e tranquilidade.

Seu lar será feliz e estará livre de problemas e preocupações mais sérios.

O saquinho de sete pedras

Para este feitiço você vai precisar de sete pedras, de vibrações altas ou baixas. Pegue uma pedra de cada uma destas cores: branca, verde, vermelha, laranja, amarela, marrom e preta.

O melhor é conseguir encontrar todas elas sozinho. Leitos de riachos são lugares excelentes para procurar. Se tiver dificuldade, pode comprá-las.

Coloque-as em um saquinho feito de tecido natural tingido de amarelo (o algodão é excelente). Quando quiser dar uma olhadinha no futuro, segure o saquinho, coloque a mão lá dentro e, sem olhar, tire uma das pedras. Ela revelará condições do presente ou do futuro:

Amarela: sabedoria, lições

Branca: paz, tranquilidade
Laranja: sorte
Marrom: objetos, bens, dádivas
Preta: negatividade
Verde: amor, dinheiro
Vermelha: paixão, discórdia

Capítulo 10

Magia das Árvores

As árvores estão intimamente associadas à magia desde tempos imemoriais. Esses membros robustos do reino vegetal podem viver por até mil anos e elevar-se muito acima de nossas cabeças mortais. Como tal, são símbolos e guardiãs de poder ilimitado, longevidade e atemporalidade.

Uma floresta intocada, repleta de árvores de todas as idades, tamanhos e tipos, é mais que um lugar mágico misterioso – é um dos reservatórios de energia da natureza. No interior de suas fronteiras, há antigas e jovens sentinelas, guardiãs da força universal que se manifestou na terra na forma vegetal.

Portanto, uma floresta é um local excelente para qualquer tipo de trabalho mágico, não só para a magia das árvores. Mas qualquer uma delas, em qualquer lugar do mundo, pode ser usada para os feitiços e técnicas discutidos aqui. Como cada tipo de árvore tem seus poderes específicos, farei um apanhado deles depois de apresentar as técnicas.

Lembre-se de que a magia das árvores não precisa se limitar a esses tipos de árvore, pois todas elas têm seus próprios poderes inerentes, que variam de uma para outra. Experimente!

Todas as árvores, exceto as venenosas (como o teixo e a cicuta), são excelentes para a magia de cura. Qualquer uma pode ser usada para eliminar uma dor de cabeça e lhe dar energia, ou para revelar o futuro. Estamos limitados apenas por nossa mente e nossas ações.

É importante conversar com qualquer árvore com que você fará um trabalho de magia. Conte-lhe exatamente qual é sua necessidade. Explique por que tal necessidade existe e é urgente. As árvores são entidades vivas com uma consciência que, embora diferente da nossa, ainda é capaz de se comunicar em planos de consciência mais sutis.

Portanto, embora os feitiços antigos às vezes o orientem a martelar pregos em árvores, por favor não o faça. Isso não só prejudica e machuca a árvore, como é absolutamente desnecessário, pois há outras técnicas disponíveis.

Alguns desses feitiços exigem que se marquem símbolos em folhas. Um graveto com uma das pontas queimada é excelente, pois o carvão agirá como o grafite de um lápis. Pratique com isso até se aperfeiçoar.

Um feitiço com árvore

Depois de encontrar uma árvore com que você possa trabalhar magia, pegue uma folha grande, um graveto com uma ponta carbonizada, um pedaço de trepadeira flexível ou barbante de fibra natural e uma moeda para a árvore.

Sente-se embaixo da árvore e escreva ou desenhe um símbolo de sua necessidade com o graveto.

Levante-se e dê nove voltas ao redor da árvore, em sentido horário, dizendo as seguintes palavras, ou outras parecidas:

Ó Anciã da terra antiga,
Mais velha do que o tempo pode atestar,
Concede-me o poder ao seu comando
Para com ele meu feitiço impregnar.

Repita tanto quanto necessário até você ter dado as nove voltas na árvore.

Quando tiver terminado, amarre a folha no tronco, tão firme quanto puder, com a trepadeira. Se isso não for possível, encontre um galho e amarre-a nele.

Quando tiver certeza de que a folha está segura, pegue a moeda e enterre-a aos pés da árvore, na terra, como pagamento por sua ajuda. Saia do local e deixe a árvore fazer seu trabalho.

Se, quando você voltar à árvore, a folha tiver sumido, não se preocupe. As forças já terão entrado em ação.

Três feitiços de cura

Embora o citado acima possa ser usado para qualquer tipo de necessidade mágica, há muito tempo se recorre ao auxílio das árvores para cura. Aqui estão algumas fórmulas que podem ser utilizadas.

Para cura

Amarre um cordão vermelho no pescoço do paciente logo antes de ele ou ela ir dormir. Na manhã seguinte, desamarre imediatamente o cordão e amarre-o no tronco ou no galho de uma árvore, transferindo-lhe assim a doença. A árvore a enviará para a terra. Não se esqueça de deixar uma oferenda de agradecimento na base da árvore.

Restabelecimento

Encontre uma árvore forte, saudável e cheia de vitalidade, com troncos finos e flexíveis. Quando você estiver doente, vá até a árvore e dê um nó, com suavidade, em um dos galhos ou ramos. Isso não deve machucar a árvore; portanto, deixe o nó solto, mas apertado o suficiente para conservar seu formato.

Peça à árvore que o ajude a se curar. "Despeje" a doença ou ferimento no nó, visualizando-o com riqueza de detalhes por alguns minutos.

Em seguida, desamarre o nó com cuidado para não danificar a árvore. Isso liberará a doença, que afundará na terra. Enterre uma oferenda na base da árvore.

Para curar dores nas costas

Dê nove voltas na árvore, em sentido horário, pedindo que ela alivie sua dor, e entoe um cântico como o seguinte:

Ó grande árvore, ó árvore forte,
Absorve minha dor, livra-me desta sorte.

Recoste-se contra o tronco firme e sólido da árvore. Pressione suas costas contra a casca. Sinta a árvore absorvendo a dor e suas costas transferindo-a para a árvore.

Alguns minutos depois, levante-se e agradeça a árvore enterrando algo precioso a seus pés.

Para largar um mau hábito

Desenhe uma imagem de si mesmo ou do mau hábito em uma folha ou pedaço de casca de árvore. Leve-a até uma árvore adequada e enterre-a junto de sua raiz. Coloque uma oferenda para a árvore no buraco, com a folha ou casca, e cubra. Despeje um pouco de água no local e está feito.

Para recuperar a energia

Sente-se com as costas apoiadas no tronco da árvore e deixe a energia ilimitada dela penetrar em você. Isso é excelente se você tiver caminhado longas distâncias.

Para adivinhar o futuro

Deite-se embaixo de árvores frondosas e relaxe, olhando para o dossel verde sempre em movimento acima de você. Observe os padrões aleatórios formados pelo vai-e-vem suave das folhas ao vento. Isso deve levá-lo a se abrir psiquicamente e receber mensagens sobre questões que tiver.

Feitiço de amor com árvores

Em uma folhinha, faça uma imagem de si mesmo. Em outra, faça uma imagem do tipo de pessoa que você deseja conhecer. Com uma linha verde, amarre as duas imagens, uma de frente para a outra, e dê um nó firme na linha.

Vá até uma árvore que emita vibrações de amor e encontre uma fenda ou buraco natural nela (não faça um). Se não tiver nenhum, talvez o local onde um galho se prende ao tronco possa ser usado, desde que seja seguro.

Introduza as folhas com firmeza na fenda, dizendo:

> **Árvore de terra, água, ar e fogo,**
> **Concede-me o amor que desejo.**

Enterre sete moedas na base da árvore e está feito.

As árvores com as quais você cultiva um relacionamento mágico devem ser estimadas. Visite-as com regularidade, mesmo quando não tiver nenhuma magia a fazer. Quando chegar a um ponto em que aceita as árvores como amigas, terá formado um elo poderoso entre você, a terra, e além.

Os poderes mágicos das árvores

Amendoeira: adivinhação, clarividência, dinheiro, empréstimos, negócios

Amoreira: conhecimento, adivinhação, sabedoria, vontade

Aveleira: adivinhação, casamento, proteção, reconciliação

Bétula: proteção, purificação, fertilidade, recomeços

Bordo: adivinhação, amor

Carvalho: cura, força, dinheiro, longevidade

Cedro: prosperidade, longevidade

Choupo: proteção

Cicuta: seu uso não é recomendado

Cipreste: mecanismos ou efeitos de vidas passadas, proteção

Coqueiro: pureza, castidade, cura

Damasqueiro: amor

Espinheiro: limpeza, casamento, amor, proteção

Eucalipto: cura

Figueira: fertilidade, força, energia, saúde

Freixo: proteção, magia do mar (quando fizer tais feitiços longe do oceano. Veja o capítulo 17: Magia do Mar)

Laranjeira: amor, casamento

Limão-siciliano: adivinhação, cura, castidade, neutralidade

Limão-galego: adivinhação, cura, castidade, neutralidade

Macieira: cura, prosperidade, amor, juventude eterna

Nogueira: cura, proteção

Oliveira: paz, fecundidade, segurança, dinheiro, casamento, fidelidade

Olmo: proteção

Palmeira: força, sabedoria

Pessegueiro: amor, adivinhação

Pinheiro: purificação, saúde, sorte, prosperidade, fertilidade

Sabugueiro: cura, proteção, prosperidade

Salgueiro: cura, proteção, encantamentos, parto fácil, desejos

Sorveira-brava: proteção, força

Teixo: seu uso não é recomendado

Tília: proteção

Zimbro: proteção

Capítulo 11

Magia com Imagem

A magia com imagens costuma evocar visões de bonecos de vodu de aspecto zombeteiro e cheios de alfinetes de cabeça preta cravados no corpo. Isso graças à mídia e a um século de propaganda fundamentalista.

O chamado boneco de vodu, que não está apenas associado a essa religião tão malcompreendida nem é necessariamente um boneco, tem suas raízes na magia com imagens, conhecida em todos os sistemas mágicos desde o início de nossa história registrada.

Em todos os lugares, fabricaram-se imagens com diversos tipos de madeira, argila, chumbo, ouro e prata. Elas também foram desenhadas em folhas grandes, cascas de árvore, peles de animais, e moldadas em limões-sicilianos, cebolas, maçãs, ovos, nabos, nozes, cocos, limões-galegos, batatas e na infame raiz de mandrágora.

Às vezes a imagem é entalhada nos mínimos detalhes, incluindo até os fios de cabelo. Em outras, é um esboço grosseiro gravado em superfícies planas, como cascas de frutas, de árvores, ou até na terra, onde são traçados com as unhas ou com gravetos.

Quaisquer que sejam os materiais, seja qual for o feitiço, a imagem é um dos objetos mais usados na história da magia.

Atualmente, depois de quase 5 mil anos de uso contínuo como técnica, ela tem uma reputação maléfica completamente infundada.

É verdade que a magia com imagens já foi usada para propósitos negativos, mas isso também aconteceu com quase todas as outras formas de magia. Sua contribuição mais útil nas artes mágicas é possibilitar-nos ter um esboço ou diagrama de nós mesmos ou daqueles com relação a quem estamos fazendo um trabalho de magia.

Não que a imagem realmente se torne a pessoa representada. Nenhuma imagem é batizada ou recebe o sopro da vida, como em alguns trabalhos de magia negra.

Os esboços ou imagens servem apenas de modelos com os quais planejamos e criamos nosso eu futuro, sempre com condições melhoradas.

Os livros de magia que abarrotam as prateleiras das lojas de ocultismo atuais estão repletos de magia com imagens, em geral para infligir tortura ou morte, e as próprias bonecas em geral podem ser compradas pelo correio e vêm até com os alfinetes!

Mas nada disso será discutido aqui. Ao contrário, exploraremos os aspectos mais humanos, e os feitiços, todos fáceis, são aqueles que vibram amor e cura, bênção e proteção.

Embora se suponha que a magia com imagens seja feita com bonecos, velas em formato de pessoas ou recortes de papel, os primeiros três feitiços apresentados aqui são mais eficazes se feitos com um prato raso de terra úmida que você coletou. Antes de usar a terra, retire as pedras, galhos e outras impurezas.

Espalhe a terra ou areia úmida, formando uma camada com profundidade de 2,5 centímetros, em um prato ou tigela, de preferência com pelo menos 25 centímetros de diâmetro, para você ter bastante espaço.

Isto será a "tela" sobre a qual você desenhará sua imagem.

Seu instrumento de escrita será um graveto firme ou talvez um lápis bem apontado. Há milhares de anos, usavam-se buril e argila.

Se a terra estiver seca demais, adicione um pouco de água. Se não conseguir terra limpa, colete (ou compre) um pouco de areia e a molhe até "assentar", isto é, até ela reter uma figura desenhada em sua superfície.

Essas providências preparatórias devem ser repetidas para cada objeto de magia com imagens que fizer. Devolva a areia usada à terra depois do feitiço.

É claro que, se você puder realizar esses feitiços no solo, ao ar livre, os resultados serão melhores, pois assim eram feitos originalmente. Os feitiços terão de ser modificados um pouco, mas, de novo, o esforço valerá a pena.

Um feitiço básico com imagens

Encha um recipiente com terra limpa e úmida. Com um instrumento de escrita (um graveto, ramo ou lápis), trace seu contorno na terra. Faça a imagem de frente para você e tente traçar os contornos do corpo com a máxima exatidão possível: as partes protuberantes e planas, as proporções entre as pernas e o tronco, e o formato da cabeça e dos cabelos.

Não acrescente traços característicos ao esboço, pois são desnecessários. Se não ficar satisfeito com sua primeira tentativa, apague-a com os dedos e faça outra.

Quando estiver feliz com o contorno, pare e, com o instrumento de escrita, desenhe diretamente sobre a imagem, exatamente sobre ela, um símbolo representando sua necessidade.

Torne esse símbolo o mais real e perfeito que puder. Se estiver satisfeito com os resultados, largue o instrumento de escrita e sente-se, contemplando a imagem em silêncio. O símbolo cobrindo seu contorno representa a manifestação do que você deseja em sua vida.

Alguns minutos depois, afaste-se da imagem e pare de pensar no feitiço.

Se for preciso, coloque o recipiente de terra, com cuidado, fora de seu campo de visão, sem estragar a imagem. Duas vezes por dia, de manhã e à noite, contemple a imagem por alguns minutos.

Uma semana depois, devolva a terra usada ao solo. O que tiver de ser, será.

Para se livrar de algo negativo

Faça um contorno de si mesmo no solo. Depois, sobre ele, desenhe um símbolo representando aquilo do que você quer se livrar.

Desenhe o símbolo sobre a imagem. Olhe fixamente, veja o símbolo como uma parte de si, como você é agora.

Então, com movimentos cuidadosos das pontas dos dedos, apague completamente o símbolo. Não danifique o esboço original de si mesmo, porém, se isso acontecer, refaça a imagem imediatamente.

Agora, olhe para seu novo eu, livre do aspecto negativo e pronto para recomeçar do zero.

Repita diariamente por sete dias.

Feitiço para emagrecer

Desenhe um contorno esboço da silhueta que você deseja ter. Faça-a perfeita em todos os aspectos (você pode fazer o desenho de perfil para marcar as proporções corretas).

Em seguida, desenhe um contorno esboço de si como está agora, em volta de sua imagem perfeita.

Deixe a imagem em um lugar seguro até a lua cheia.

Nessa noite, retire-a do esconderijo e, com um dedo, apague uma pequena parte do contorno maior. Ao fazer isso, você está tirando simbolicamente esse peso de sua silhueta.

Repita isso diariamente, por 14 dias, enquanto a lua passa ao quarto minguante. No 14º dia, você deve ter apagado seu eu atual e deixado apenas a imagem perfeita.

Nesse período, é claro, você deve comer direito e fazer exercícios. A magia precisa de um suporte físico.

Se o feitiço não funcionar assim tão rápido (o que costuma acontecer), comece de novo na lua cheia seguinte. Persevere, tente, que vai conseguir.

Imagens em maçãs

A magia com imagens costuma usar maçãs. Com uma faca afiada, entalhe na casca de uma maçã vermelha um desenho de sua necessidade. Exponha a polpa branco-amarelada por trás da casca com seu entalhe, para o símbolo ficar bem visível. Isso pode exigir alguma prática.

Agora, depois de fitar o símbolo por alguns minutos, coma a maçã, chegando até o miolo. Separe as sementes e plante-as, se quiser. Assim como o símbolo se tornou fisicamente parte de você, o que ele representa também se tornará.

Isso pode ser usado para trazer qualquer coisa a você.

Magia com imagens para outras pessoas

Lembre-se: deve-se realizar magia para outras pessoas apenas quando elas nos pedirem ou concordarem.

Se um amigo estiver precisando desesperadamente de algo, faça uma imagem disso. Você pode usar qualquer material, de folhas de prata a tricô e crochê, bem como caneta e tinta. Faça a imagem com o máximo de perfeição possível e entregue-a a seu amigo, para que o objeto (ou qualidade) real que ela representa entre na vida dele.

Se um conhecido seu estiver doente e pedir sua ajuda mágica, faça uma imagem dele usando um tecido verde ou azul. Se você não tiver muita habilidade com costura, ainda assim vai conseguir cortar dois contornos humanos e costurá-los juntos.

Antes de terminar de unir os dois contornos, recheie a imagem com ervas de cura, como aquelas listadas no anexo III, e termine de costurá-la.

Coloque-a com cuidado entre duas velas azuis. Acenda as velas e, se possível, queime um incenso de cura (pode-se fazer um com canela, botões de rosa e mirra) em um incensário colocado atrás da imagem.

Enquanto confecciona o boneco, concentre-se na pessoa completamente curada, viva, bem e de volta ao normal.

Não veja a doença ou o ferimento, sequer pense nisso. Afugente de sua mente todos os pensamentos sobre a enfermidade e veja a pessoa saudável e bem novamente.

Quando a imagem estiver pronta, deitada entre as velas, com a fumaça do incenso elevando-se atrás dela, diga o seguinte, ou qualquer outro apelo sincero:

Confeccionei esta boneca

À imagem perfeita de... (nome)...

Que foi afetado(a) e sofre com

...(nome da doença ou problema)...

Sei que a terra pode me ajudar a curá-lo(a),

Assim como cura o pássaro ferido e

O peixe a sufocar.

Todo-poderosa Mãe Terra,

Vós que a tudo controlais,

Curai... (nome)... daquilo que não pode ser curado de outra forma.

Todo pedido fervoroso, para qualquer divindade, será ouvido. Alguns minutos depois, apague as velas e guarde tudo com cuidado.

Repita o processo pelos tradicionais sete dias seguidos, colocando a imagem entre as velas e dizendo as palavras acima, ou outras semelhantes. Se nenhum resultado promissor aparecer logo, desfaça cuidadosamente a imagem antiga, espalhe as ervas, enterre tudo na terra e faça uma nova imagem. Trabalhe com ela exatamente como fez com a anterior.

Esses feitiços, é claro, devem ser usados apenas em conjunto com tratamentos ortodoxos de saúde ou quando tais tratamentos falharem.

Um talismã para o amor usando imagens

Este e outros encantamentos semelhantes com imagens ainda são muito populares hoje em dia, como sempre foram.

Entalhe, costure ou construa de alguma outra forma uma imagem de si mesmo em sua melhor forma física. Verta nela todos os seus pontos positivos, assim como os negativos. Insufle seu espírito, sua força-vital, seu ser total na imagem. Quando olhar para o rosto da imagem (por mais rústico e mal-acabado possa parecer), veja seu próprio rosto.

Ao terminar, guarde-a em um lugar seguro. Em seguida, com o mesmo material, confeccione uma imagem de seu par ideal, que não deve ser uma pessoa específica, é claro, mas um conjunto de tudo o que você busca em um homem ou mulher. Embora você esteja apenas moldando sua silhueta ou feições inacabadas, implante nessa imagem qualidades físicas, espirituais, emocionais, intelectuais, entre outras, hábitos e objetivos de vida, bem como quaisquer outras características que o atraiam ou sejam importantes para você.

Quando as duas imagens estiverem terminadas, pegue uma linha ou cordão rosa ou vermelho e amarre-as frouxamente juntas. Coloque-as em um lugar onde não serão incomodadas por várias semanas, mas não em uma caixa ou outro lugar fechado. Alguém se aproximará de você e, então, só dependerá de vocês dois.

Feitiços dessa natureza levarão muitas pessoas até você, e uma ou duas delas podem se tornar grandes amigas suas. Um relacionamento mais íntimo pode surgir de uma dessas amizades, talvez até evoluindo para um amor.

Se isso acontecer, mas o relacionamento acabar, desamarre as imagens, desfaça com cuidado aquela do par perfeito, e comece de novo.

O mesmo vale se você não encontrar um par, mas para isso espere pelo menos três meses.

Um feitiço desse tipo não força a pessoa que você encontrar a se apaixonar por você. Ele apenas expande seu círculo de amigos. Nenhuma das pessoas que conhecer estará sob qualquer pressão ou força mágica para se apaixonar por você. Isso será por sua conta.

Capítulo 12

Magia dos Nós

A magia dos nós remonta a pelo menos 4 mil anos, quando tabuletas com inscrições cuneiformes descrevendo vários tipos de magia usando nós foram produzidas no Oriente Próximo.

Apesar de conhecida em quase todas as culturas e provavelmente em quase todas as épocas, a magia dos nós está caindo em desuso atualmente e corre o risco de ser completamente esquecida.

Por que uma forma de magia simples, prática, eficaz e difundida pelo mundo todo seria esquecida? Provavelmente pelo fato de ser simples e prática. Em muitos casos, agregou-se à magia tamanha ritualística que sua complexidade chegou ao absurdo. Assim, algo fácil passou a ser visto com reservas por aqueles que aprenderam magia por meio de rituais pomposos e estilizados.

A magia dos nós ainda é tão poderosa hoje como o era em 2000 a.C., e continua sendo realizada com bons resultados.

Há muitos "remanescentes" desse tipo de magia na cultura contemporânea. Em folclore, caracteriza-se um "remanescente" quando um costume, ou superstição, é praticado ou lembrado por um povo que já esqueceu suas origens.

Por que amarramos uma linha no dedo para nos lembrarmos de alguma coisa importante, por exemplo? O que se quer dizer quando falam "está amarrado"?

O ato de amarrar traz à forma física, concreta, um conceito, um pensamento, uma ideia abstrata. Assim, quando você amarra uma linha no dedo enquanto pensa naquilo de que quer se lembrar, está estabelecendo em sua mente uma conexão entre o nó (físico) e aquilo que você precisa lembrar (mental). Em um nível mais mágico, você dá o nó não para que ele o faça lembrar o assunto, mas para garantir que você se lembre do assunto.

Uma das técnicas de magia dos nós é dar um nó especificamente em volta da imagem de uma pessoa, "amarrando" literalmente a imagem com um cordão, ou atando a imagem a um objeto, com a intenção de inibir ações, pensamentos, etc. de uma pessoa. "Está amarrado" remonta a um tempo em que se acreditava literalmente nisso, ou seja, alguém faria algo pelo fato de sua imagem ter sido amarrada.

Parece improvável? Várias centenas de anos havia muitas leis e estatutos contra amarrar imagens ou contra o trabalho com nós na magia.

De fato, certa vez, quaisquer ornamentos retorcidos, trançados ou com nós eram considerados pagãos e idolatria na Alemanha, ao passo que muitos nós mágicos eram frequentemente esculpidos em igrejas para proteger o lugar contra a entrada de magia pagã ou "espíritos" pagãos.

A história da magia dos nós é de fato longa e fascinante, mas as técnicas básicas são ainda mais interessantes. Elas são apresentadas aqui, mas talvez um lembrete seja necessário.

As ações que você pratica durante a realização de um feitiço ou trabalho de magia não são tão importantes quanto a necessidade por trás delas. Você deve enviar sua energia (com suas emoções) em direção a seu desejo ou a magia não dará resultados.

A magia não é a repetição vazia de ações e palavras, mas uma experiência de envolvimento, carregada de emoção, na qual as ações e as palavras são usadas como pontos focais ou chaves para liberar o poder que todos nós possuímos.

Os barbantes

Em geral, a magia dos nós é feita com barbantes. Eles podem ser de qualquer cor, embora existam associações específicas com cores, listadas no anexo I.

Os barbantes devem ser de materiais naturais, como lã, de preferência, ou algodão. Evite aqueles rígidos, de tramas apertadas, ásperos ou feitos a base de plástico, como aqueles de náilon, raiom ou poliéster.

Para a maioria dos feitiços você não precisará de mais que 30 a 60 centímetros de barbante. Porém, se houver necessidade de vários nós, use bastante barbante, pois os nós "comem" muito do comprimento.

Mantenha seus barbantes mágicos fora da vista, para não serem usados em outras atividades e, portanto, não ficarem repletos de outras vibrações.

Caso você decida trançar, tecer ou fiar seus próprios barbantes, eles serão muito mais poderosos, pois constituirão produto de suas próprias mãos, e você poderá se concentrar em sua necessidade enquanto os fabrica. Trançar é, por si só, uma arte mágica.

Um feitiço simples com nó

Pegue um barbante de fibra natural, de preferência, e de uma cor que lhe agrade. Visualize bem sua necessidade, pegue o barbante, reúna tanta emoção quanto puder e, então, dê um nó firme no barbante.

Puxe as pontas até ficarem esticadas, pois isso libera o poder e faz a amarração.

O poder não fica dentro do nó; ele é liberado para fazer seu desejo se manifestar. O barbante amarrado é uma representação física de sua necessidade, assim como o é uma imagem. Até que seu desejo se manifeste, guarde o barbante consigo ou em algum lugar seguro em sua casa.

Não deixe o nó se desfazer. Se isso acontecer, comece outro feitiço com nó.

Quando aquilo de que você precisa se manifestar no plano físico (sempre de uma forma natural, é claro; afinal, um colar de diamantes ou passagens para uma viagem ao redor do mundo não cairão em seu colo cinco segundos depois de ter feito um feitiço para riqueza ou viagens), você tem algumas opções quanto ao que fazer com o barbante.

Você pode queimá-lo, para garantir que nunca se desfaça; enterrá-lo, de modo que ele desintegrará; ou ainda deixá-lo em uma caixa ou baú, onde não será tocado.

Esse feitiço pode ser usado para qualquer necessidade. Se quiser desfazer ou revertê-lo, pegue o barbante e desate o nó. Porém, saiba que isso nem sempre funciona.

Se você tiver queimado ou enterrado o barbante, não conseguirá reverter o feitiço. Mas isso realmente não importa, pois, se sua necessidade for real, o tempo não a alterará e, daqui a dez anos, duvido que você olhe para trás e queira reverter um feitiço.

Incluí essa informação tão somente por ser tradicional.

Um feitiço destrutivo com nó

Se você estiver enfrentando uma circunstância adversa, um problema ou uma possível ameaça, há um feitiço com nó para isso. Pegue o cordão e visualize bem o problema, com todos os seus detalhes angustiantes. Deixe que os sentimentos relacionados a ele venham à tona: espume de raiva, desfaça-se em lágrimas; qualquer reação serve. Então, dê um nó firme.

Afaste-se dele, saia da sala, se possível. Tome um banho, coma, faça o que puder para esquecer o feitiço e relaxar.

Quando suas emoções se estabilizarem, volte ao nó. Com um sentimento de paz e tranquilidade, desate-o. Veja o problema desaparecer, desfazer em um pó que é varrido pelo purificador e refrescante vento norte.

Está feito.

Como amarrar objetos

Amarrar objetos é um exemplo prático de como essa forma geralmente prejudicial (e, portanto, terminantemente "proibida") de magia pode ser um procedimento mágico eficaz e perfeitamente inofensivo.

Se um amigo quiser pegar algo emprestado e você está hesitante quanto a deixar o objeto sair de suas mãos, mas você precisa emprestá-lo, pegue o objeto (se for algo portátil e pequeno o bastante para segurar) e um cordão.

Amarre o objeto ao seu corpo, literalmente, ou seja, amarre fisicamente o objeto a você. Fique de pé ou sentado por alguns minutos e visualize o amigo a quem você emprestará o objeto devolvendo-o a você.

Em seguida, corte o cordão (não desfaça o nó!) e empreste o objeto, com a certeza de que você o receberá de volta.

Se o objeto for demasiado grande, como um carro, pegue um pedaço de cordão, amarre sua mão ou braço a uma parte dele (como o volante, a antena, etc.) e proceda como descrito.

Guarde o cordão em um lugar seguro até o objeto ser devolvido.

Um feitiço de amor

Pegue três cordões ou linhas de diferentes e belas cores pastel, talvez rosa, vermelho e verde, e trance-os bem apertados. Dê um nó firme perto de uma das pontas da trança, pensando em sua necessidade de amor.

Em seguida, continue dando nós, até chegar a sete. Use ou carregue o cordão consigo até encontrar a pessoa amada.

Depois disso, guarde o cordão em um local seguro ou o entregue a um dos elementos: queime o cordão e espalhe as cinzas no oceano ou em um rio.

Uma amarração para o amor

Este feitiço é um pouco inescrupuloso, então deve ser usado apenas quando há um relacionamento sólido. Ele serve para dar um empurrãozinho no amor das duas pessoas envolvidas.

Pegue uma peça de roupa, pequena e flexível, da pessoa amada – uma de que ela não venha a sentir falta. Pegue uma de suas peças de roupas e amarre-as juntas, com firmeza. Esconda-as onde não possam ser encontradas.

Isso pode ajudar a mantê-los unidos e felizes.

Cura

Dê nove nós em um pedaço de linha vermelha e use-a em volta do pescoço para ajudar na cura de males e doenças. Isso é especialmente indicado para dores de cabeça.

Outra cura

Amarre um barbante vermelho no doente (ou em você). Então, desate o nó e jogue o barbante em uma fogueira, dizendo:

Coloco a doença no fogo para que ele a consuma.

Como faz com o barbante; que a doença desapareça como a fumaça!

Enquanto o cordão queima, visualize a doença se consumindo também.

Uma amarração protetora

Dê nove nós em um barbante, visualizando qualquer coisa que você associe com proteção contra hostilidade, forças externas ou violência física: um escudo, uma espada flamejante, uma tranca em gancho ou uma arma de fogo. Pendure o barbante em sua casa ou carregue-o consigo para proteção pessoal.

Um amuleto com nó egípcio

Em um barbante comprido, dê sete nós e, em seguida, um nó direito para juntar as pontas. Carregue-o para proteção.

Para ajudar em qualquer cura

Amarre com firmeza um barbante, ou cordão, em que você já tenha feito nove nós em volta da parte afetada do corpo. Desamarre o barbante, desate os nove nós e jogue-o em água corrente.

Escada do desejo

Obtenha um pedaço longo de barbante da cor que corresponda à sua necessidade. Consiga também nove sementes, castanhas, pedaços de casca de árvore, flores secas ou ramos de ervas que se relacionem magicamente com sua necessidade. (Veja o capítulo 10 ou o apêndice III.)

Pegue um pouquinho da erva e amarre-a no barbante, apertado, visualizando sua necessidade.

Repita este processo mais oito vezes até o barbante ter nove nós, cada um segurando um pedaço de casca ou uma flor.

Em seguida, leve o cordão para fora, erga-o ao céu e diga:

Com nove nós fiz esta escada.
Confeccionei-a para que me traga
Aquilo que meu coração tanto deseja.

Esta é minha vontade, que assim seja!

Pendure a escada do desejo em um lugar importante na casa ou enrole-a em um castiçal em que você tenha colocado uma vela da cor apropriada.

As escadas do desejo não são apenas eficazes; elas decoram o ambiente.

Algumas observações sobre a magia dos nós

Infelizmente, a grande maioria dos feitiços com nós que sobreviveram até os dias atuais é negativa. Apesar do interesse histórico, esses feitiços não têm lugar em uma obra desta natureza, pois esse tipo de magia não é divino e levará, na verdade, à destruição do praticante.

Há, no entanto, outros processos e pequenos detalhes positivos da tradição da magia dos nós que são muito pertinentes.

Ao realizar qualquer tipo de magia, é melhor usar o cabelo solto e sem tranças, se for longo. O simbolismo é óbvio: os nós ou tranças podem inibir o poder.

Porém, quando lançar um feitiço protetor, usar o cabelo trançado ou amarrado, bem como roupas de crochê ou tricô (suéteres são ideais durante o inverno), é muito favorável.

Pelo mesmo motivo, uma rede protege muito. Muitos magos e bruxas do mar têm redes em casa. Isso não só combina com a atmosfera litorânea, como também é muito poderoso.

Assim como são os penduricalhos de macramê.

Costuma-se dizer que, se você acordar com nós no cabelo, elfos e fadas brincaram com ele enquanto você dormia e fizeram os nós. A associação de elfos e fadas com nós é bem antiga e remonta a uma época em que magia era ciência.

Se você precisar fazer um feitiço com nó e não tiver um barbante à mão, ou não puder usar um, faça de conta que pega um barbante e dá o nó, visualizando sua necessidade, assim como em um feitiço normal com nós.

Isso será tão poderoso quanto um feitiço que você tenha feito com um cordão físico em mãos.

Se você quiser garantir que se lembrará de algo importante, amarre uma linha no dedo!

Capítulo 13

Magia das Velas

A magia das velas é uma arte complexa e existem alguns livros ótimos sobre o assunto (veja a bibliografia). No entanto, apresento seus fundamentos aqui, pois as velas podem ser incorporadas a outras formas de magia. É também um método bem prático. Os poucos rituais e feitiços apresentados nesta obra cobrem uma grande variedade de situações e podem ser alterados, com um pouco de criatividade, para atender a qualquer necessidade.

A magia de queimar velas funciona com a ajuda do fogo (a chama da vela), da cor (a vela em si), bem como de outros instrumentos que você queira utilizar. Ervas costumam ser usadas em conjunto com a magia das velas por serem, por si e de si, fontes de energia.

As velas

É possível encontrar velas em uma grande variedade de tamanhos, formatos e modelos, como atestará uma visita a qualquer boa loja de velas. Quando elas são usadas para magia, no entanto, sua variedade é dez vezes maior. Existem velas em forma humana, com nós e saliências, em formato de crânios e múmias, e até de "demônios" e crucifixos!

Elas são encontradas em todas as cores, do branco mais puro ao preto mais intenso, e em tamanhos que variam desde o de um palito de dentes a gigantescos monstros de quase um metro de altura.

Tudo muito refinado, caro e desnecessário. Velas finas simples, disponíveis em armazéns, lojas de ferragens e comércios especializados, funcionam muito bem.

Em termos de magia, as velas de cera de abelha são as ideais, pelo simbolismo da abelha e o fato de a própria cera ser um produto natural. Infelizmente, essas velas são muito caras e, a menos que você tenha colmeias e habilidade na confecção de velas, as mais baratas, feitas de parafina, servem.

Como cada cor tem atributos diferentes, você terá de combinar a vela com sua necessidade. Você pode seguir dois sistemas: fazer a combinação da necessidade com um dos elementos e usar a cor deste ou consultar a lista do anexo I para a cor correspondente.

De qualquer forma, use velas sem furos ou rachaduras, pois isso destrói seu poder.

Quando comprar velas para uso em magia, tente mantê-las em um lugar especial, onde ninguém mexa nelas.

Castiçais

Também podem ser comprados em qualquer loja. O mais importante a ser levado em conta é que o castiçal mantenha a vela em pé. Não deve haver possibilidade de a vela cair enquanto acesa, nem de que ela bote fogo no castiçal ao terminar de queimar. Isso descarta castiçais de madeira ou plástico. Você também deve tomar cuidado com castiçais que transfiram o calor, como os de metal, pois podem queimar as superfícies onde forem colocados.

Ervas

Se quiser usar ervas, escolha aquelas das listas do apêndice II. Embora não haja regras rígidas, uma mistura de três ou mais ervas é mais poderosa que uma única erva. Cada ingrediente adiciona seus poderes e a mistura mostra-se muito mais benéfica que cada um separadamente.

Por via de regra, utilize um número ímpar de ervas, e tenha certeza de que cada uma delas se relaciona especificamente com sua necessidade.

Se não conseguir encontrar uma erva adequada, utilize alecrim. Essa erva, a favorita dos cozinheiros italianos, também é uma das mais empregadas em magia, pois seus poderes podem ser usados para quase todas as necessidades.

Um feitiço simples com vela

Pegue uma vela de cor apropriada, um castiçal e as ervas que usará e coloque-os em uma superfície plana onde você possa deixar a vela queimando por várias horas. (Se tiver um altar ou outro espaço para trabalhos de magia, use-o.)

Coloque a vela no castiçal e salpique, em volta ou dentro dele, se houver espaço, pitadas das ervas que estiver usando. Não precisa ser muito, principalmente se as ervas estiverem em contato com a própria vela dentro do castiçal; uma grande quantidade de ervas pode pegar fogo.

Você só precisa acender a vela. Mas por que não fazer isso com magia? Apague as luzes (a magia das velas é mais eficaz à noite, mas funcionará também durante o dia). Segure uma caixa de fósforos e um fósforo no alto, mas longe de sua cabeça.

Risque o fósforo e, enquanto ele queima, abaixe-o até ele acender a vela. Enquanto faz isso, imagine uma centelha da energia elemental do fogo descendo para fortalecer sua magia.

Enquanto o brilho da chama da vela aumenta, jogue o fósforo em um cinzeiro à prova de fogo (não o assopre nem chacoalhe para apagar). Sente-se ou fique de pé, visualizando sua necessidade em silêncio enquanto observa a chama da vela.

As ervas salpicadas em volta da base da vela enviam suas energias para cima, em um cone. Elas se misturam com a energia da cor da vela ao chegar à chama e, a partir daí, espalham-se em todas as direções, iniciando o processo de atrair aquilo de que você precisa.

Se quiser, pode entoar algumas palavras ao acender a vela, ou declarar sua necessidade em voz alta, mas isso não é realmente necessário. A chama, a cor e as ervas farão seu trabalho sem isso.

Deixe a vela queimar até o fim, se possível. Do contrário, apague a vela com os dedos, ou cortando seu pavio, e acenda-a novamente assim que possível. Nunca deixe velas queimando sem supervisão.

Este ritual simples pode ficar bem mais elaborado. Um exemplo simples é o uso de runas. Você pode talhar a runa apropriada na vela com uma faca ou desenhá-la em um papel e colocá-lo debaixo do castiçal. Você pode ainda posicionar pedras em volta da vela, o que é particularmente adequado em rituais de proteção, e as velas podem ser untadas com óleos aromáticos, que contribuirão com suas próprias vibrações. Como os óleos têm os mesmos usos mágicos que as plantas de que são extraídos, a lista de ervas do apêndice III é um guia excelente.

A seguir, trago métodos de adivinhação com velas. Eles representam alguns dos últimos vestígios da prática antiga de consultar fogueiras para conhecer possíveis eventos futuros ou compreender alguma coisa.

Adivinhação com várias velas

Coloque velas idênticas em castiçais, em número idêntico ao de suas opções. Se quiser uma resposta para uma pergunta simples, use duas velas: uma para sim, outra para não.

Em uma área sem brisa, nomeie cada uma das velas com as opções que você tem e acenda-as.

A primeira a queimar por inteiro e crepitar ao apagar é sua melhor escolha.

Adivinhação com três velas

Coloque três velas da mesma cor em castiçais idênticos, se possível, em um local sem vento. Posicione-as em um triângulo e acenda-as.

Se a chama de uma delas for mais forte que a das outras, você terá um período inesperado de boa sorte. Uma chama que se apague significa um período de negatividade. Se as chamas se moverem em círculo, alguém pode estar fazendo trabalhos contra você. A presença de fagulhas também é um sinal negativo. Se todas as velas queimarem em ritmo constante, sem perturbações e de forma tranquila, sua vida será assim.

Adivinhação com uma única vela

Acenda uma vela. Deixe-a acesa por algumas horas, longe de correntes de ar. Faça uma pergunta cuja resposta seja sim ou não. Agora, sente-se em silêncio e observe a vela.

Se o lado direito queimar mais rápido que o esquerdo, a resposta é sim. Se acontecer o contrário, a resposta é não.

Quando acender uma vela para identificar influências futuras, o lado direito significa sorte. Todavia, se o lado esquerdo queimar mais depressa que o direito, as perspectivas são desfavoráveis.

Capítulo 14

Magia com Cera

A adivinhação com a cera de uma vela é um aspecto da magia do fogo que usa as qualidades reveladoras desse elemento para elucidar o futuro. As técnicas e preparativos são simples e os resultados, surpreendentemente úteis.

A seguir trago duas técnicas de leitura de velas ou cera: o método das gotas da vela e o da cera derretida. Ambos têm vantagens e desvantagens.

O método das gotas da vela é o mais fácil, mas os resultados tendem a ser difíceis de interpretar, requerendo, portanto, muita prática para se conseguir leituras precisas.

A cera derretida costuma dar ótimos resultados, mas você precisa derretê-la primeiro, o que pode não só fazer muita bagunça como ser até perigoso, sem as devidas precauções. Como a cera, seja a de abelha, mais indicada, ou a parafina, é caríssima atualmente, esta é outra questão a considerar. No entanto, as figuras formadas pela cera derretida são facílimas de ler, o que faz com que os gastos com essa técnica valham a pena.

Eis aqui os dois métodos.

Adivinhação com as gotas da vela

Para este trabalho, você vai precisar de várias velas longas (com 20 centímetros ou mais) das quatro cores básicas dos elementos: verde, amarela, vermelha e azul. Será necessário uma vela de cada uma dessas cores para cada leitura. Você também vai precisar de um recipiente grande, redondo ou quadrado, cheio de água gelada. Pode ser de qualquer material, mas cerâmica ou vidro são os melhores, por suportarem o calor. O plástico não é recomendado.

Coloque as velas, uma caixa de fósforos e o recipiente com água em uma mesa ou outra superfície plana. Você está pronto para começar a adivinhação com cera.

Se quiser uma resposta para uma pergunta específica, use uma vela da cor relativa à sua pergunta, de acordo com o simbolismo dos elementos (veja o capítulo 4: Os Elementos). Se a questão não parece estar associada a nenhum dos elementos, use uma vela branca.

Se não tiver perguntas, mas apenas quiser um vislumbre de seu futuro, use uma vela amarela, pois esta é a cor da adivinhação em geral.

Acenda a vela e segure-a, na vertical, sobre a água por um momento, pensando em sua pergunta ou apenas acalmando a mente.

Quando a chama da vela estiver forte e a cera começar a derreter, incline a vela e segure-a com firmeza a cerca de 2,5 centímetros acima da superfície da água.

A cera começará a gotejar na água.

Se as gotinhas (que, ao endurecerem, viram gotículas de cera, lisas na superfície, mas redondas no fundo) não se unirem e criarem um desenho, você não está se concentrando na pergunta. Afaste tudo o mais de sua mente.

As gotas de cera formarão um desenho na superfície da água.

Se você tiver dificuldades em conseguir esse resultado, comece a mexer a vela devagar, deixando as gotas tocarem umas nas outras e formarem uma linha na água. Se você fizer isso por alguns minutos, um formato definido aparecerá.

Quando isso acontecer, apague a chama da vela com os dedos ou com uma espevitadeira. Veja o formato. O que parece? Pegue-a com cuidado para não a quebrar e vire-a. Parece igual, ou diferente? Analise sua espessura para ver se lhe diz alguma coisa simbolicamente.

Aqui estão algumas figuras e desenhos comuns no método do gotejamento e seus significados tradicionais. Como você pode ver, esta forma de adivinhação é bastante limitada.

Espirais

As mais comuns, por causa da forma como a cera gira na superfície da água, as espirais representam a reencarnação, o Universo, o mundo ou talvez a vida íntima. Pode ser que você precise transcender, ou que seja algo de uma vida passada. Talvez, dependendo da natureza da pergunta, o problema (ou sua solução) esteja no lar. Este é um exemplo excelente de como a interpretação deve ser uma coisa pessoal. Nenhuma outra pessoa pode lhe dizer exatamente como tais símbolos estão relacionados a você. Em geral, o primeiro significado que lhe vem à mente é o correto.

Círculos

Representam a eternidade e a fertilidade, e esses dois atributos podem ser interpretados de acordo com a pergunta. Fertilidade talvez represente uma nova atividade, segurança financeira ou até um bebê a caminho! Pode também significar a conclusão bem-sucedida de um projeto. Eternidade pode significar que demorará muito tempo para que algo seja concluído ou aconteça. Círculos também representam religião e espiritualidade e, por isso, podem ser vistos nesse contexto durante a interpretação.

Linhas tracejadas

Se as gotas de cera formarem linhas desconexas, representa uma dispersão de forças ou uma falta de foco em sua vida, em seus negócios ou em outras atividades. Também pode significar a atuação de forças contrárias a você; mas não leve isso tão ao pé da letra, pois tais forças podem estar dentro de você mesmo. Este não é um desenho positivo de encontrar, pois é um sinal de que você deve fazer mudanças para trazer ordem à sua vida.

Pontos

Talvez você só consiga gotas de cera desconexas. Como mencionado, isso às vezes significa falta de atenção na adivinhação, mas também pode significar que o problema é complexo demais para ter uma resposta no momento. Se você tentar várias vezes a adivinhação com cera e, em cada uma delas, só aparecerem pontos, você está fazendo a pergunta errada ou, se não fez nenhuma pergunta, não deveria estar buscando um vislumbre do futuro neste momento – pelo menos não com cera e água. Provavelmente é melhor deixar as velas e a água de lado e tentar um método diferente, talvez algum mencionado em outra parte deste livro.

Adivinhação com cera derretida

Este método é demorado, mas, como já foi dito, costuma mostrar-se mais eficaz.

Você vai precisar de uma panela para banho-maria. Se não tiver uma, pode usar uma lata dentro de uma grande panela com água. Nada glamouroso, é verdade, mas funciona.

No recipiente de cima da panela (ou na lata, sem o rótulo), coloque cerca de uma xícara de cera sólida triturada. Folhas de cera podem ser encontradas em lojas de artesanato, e a parafina usada para enlatar conservas (disponível na maioria dos armazéns) serve. Cera de abelha é melhor, mas é bem cara.

A cera deve ser branca. Colori-la não só aumenta o custo, como também o trabalho exigido.

Encha a panela de baixo com aproximadamente um terço de água e coloque o recipiente de cima ou a lata dentro dela. Ferva a água. A cera começará a derreter quase imediatamente. Deixe ao lado do fogão uma caixa de bicarbonato de sódio, para o caso de a cera pegar fogo. É pequeno o risco de isso acontecer quando se usa uma panela para banho-maria, mas esteja preparado, caso aconteça.

Enquanto a cera derrete, encha um recipiente com água, conforme as orientações para o primeiro método. Quando a cera estiver totalmente derretida, retire com cuidado a lata ou a panela de cima com a ajuda de pegadores e leve-a ao recipiente com água. Enquanto se concentra em sua pergunta (ou esvazia a mente), despeje depressa metade da cera na água. Coloque a lata ou a panela de volta no banho-maria e desligue o fogo. Agora, volte à mesa e analise a imagem de cera que você acabou de criar.

Se ela ainda não tiver endurecido, espere. Então, mergulhe-a devagar na água, para deixar toda a cera firme, e retire-a.

O impacto da cera derretida na água e seu súbito endurecimento criarão um objeto sólido tridimensional. Às vezes, é um tanto abstrato; em outras, é bem definido.

Analise a peça por alguns instantes, virando-a nas mãos e buscando sua identidade. Assim que reconhecer um formato, interprete-o (veja o capítulo 3: Técnicas).

Como em qualquer arte oculta, principalmente a adivinhação, você melhorará com a prática.

Você deixou metade da cera em banho-maria, certo? Despeje-a na água para formar outra figura. As duas podem ser interpretadas juntas se a mesma pergunta foi feita durante a confecção das duas figuras, ou se nenhuma pergunta foi feita, e isso enriquecerá seu leque de símbolos.

Capítulo 15

Magia com Espelhos

Espelho, espelho meu,
Existe alguém mais bela do que eu?

O apelo da rainha feiticeira para seu espelho mágico no antigo conto de fadas que conhecemos hoje como Branca de Neve é um eco de práticas tão antigas quanto o próprio tempo. Assim como muitas das ferramentas de magia, o espelho é um invento que tomou a natureza por modelo.

Os primeiros espelhos foram os lagos. Em um dia tranquilo, com a água sem ondulações, podem-se ver reflexos muito bons. Em tentativas de capturar esse fenômeno, pedras e metais foram polidos, até que se criou o vidro, que, ao receber uma fina camada de prata, produzia uma superfície refletora perfeita, tal como um lago absolutamente límpido, "congelado" para ser usado quando quiser.

Os espelhos (e todas as superfícies refletoras) cativam nossa imaginação há muito tempo. Além do folclore, a magia também está repleta de referências a eles, embora tais práticas estejam quase esquecidas nos dias de hoje.

O simbolismo do espelho é, ao mesmo tempo, simples e complexo. É considerado um objeto consagrado à lua, pois, assim como a lua reflete a luz do sol, também o espelho é um objeto que reflete coisas. Por ser um símbolo lunar, os espelhos usados em magia são, em geral, redondos.

Além disso, eles nos permitem ver coisas que não poderíamos ver sem sua ajuda: não só coisas físicas, mas aquelas mais elevadas, como memórias de vidas passadas, vislumbres do futuro ou visões de eventos que estão acontecendo no mesmo momento em outro lugar.

O auge da magia com espelhos provavelmente ocorreu durante os períodos clássicos da Grécia e de Roma. Espelhos de bronze polido eram usados em rituais mágicos e cosméticos. A maioria deles era pequena, de modo a ser segurada na mão.

Uma antiga técnica para induzir a clarividência é captar a luz de uma fogueira na lâmina reluzente de uma espada ou faca, pois o reflexo, assim captado e concentrado, provoca visões. Essa é apenas outra forma de magia com espelhos metálicos.

Embora práticas como essa sejam usadas ainda hoje, a maior parte da magia com espelhos é atualmente realizada com espelhos de vidro. Aqueles mais antigos não são necessariamente melhores, pois costumam ter imperfeições (como a descamação do revestimento de prata ou seu "embaçamento" em algumas partes) que podem interferir na maioria dos trabalhos de magia.

Para rituais rápidos, você pode usar até mesmo um espelho de bolso, embora isso seja muito mais fácil para mulheres. Mais de um feitiço já foi lançado enquanto uma mulher fingia retocar a maquiagem.

Lembre-se sempre de que o espelho é apenas uma ferramenta, um elo com a lua, com seu subconsciente e, por fim, com a própria natureza.

Detalho a seguir a preparação de um espelho mágico. Embora o espelho mágico não possa ser usado para todos os feitiços deste capítulo, sua preparação é recomendada, pois, uma vez terminado, ficará pronto para o uso em qualquer ocasião. A magia costuma ser espontânea, e você deve estar preparado para praticamente qualquer coisa.

O ESPELHO MÁGICO

Encontre um espelho redondo de 33 a 76 centímetros de diâmetro.

O ideal seria que ele tivesse uma moldura igualmente redonda, pintada de preto, mas o que você tiver servirá.

Depois de comprar o espelho, leve-o para casa e lave sua face com cuidado, com água limpa. Se quiser, lave depois com uma infusão com uma colher de chá de artemísia para uma xícara de água. Deixe-a esfriar antes de usar.

Quando o espelho tiver secado, cubra sua face com um tecido preto e o deixe onde não será tocado até a lua cheia. Nessa noite, exponha o espelho aos raios lunares, de preferência ao ar livre, mas pode ser na janela, se necessário. Energize o espelho mágico sob o luar e diga as seguintes palavras (ou outras semelhantes):

**Dama da lua,
A ti que vês todas as coisas e tens todo o conhecimento,
Consagro este espelho com teus raios cintilantes
Para que ele ilumine meus trabalhos de magia e minha** vida.

Em seguida, leve-o para dentro e pendure-o na parede leste de seu quarto ou da sala onde você pratica magia. Deixe-o coberto quando não estiver em uso.

Exponha o espelho à lua pelo menos três vezes ao ano. Quando ficar empoeirado (se ficar), lave-o com uma infusão de artemísia ou água pura. Nunca use *sprays* à base de amônia para limpar seu espelho, pois a amônia destrói toda a magia!

Se quiser, você pode usar um óleo de características "psíquicas" (como cravo ou noz-moscada) para desenhar uma lua crescente na parte de trás do espelho, marcando-o assim com o sinal da lua.

Nunca use o espelho para qualquer coisa além de magia. Tenha outro espelho para usar no cotidiano.

A seguir, apresento vários feitiços, muitos dos quais podem ser feitos com um espelho mágico.

Cântico para leitura

Fique de pé diante de um espelho mágico, tire o tecido que o cobre e entoe o seguinte cântico até visões aparecerem:

> **Espelho de vidro,**
> **Espelho de luar,**
> **O que está por vir**
> **Permite-me enxergar.**
> **De meus olhos retira o véu**
> **Para que claramente eu veja.**
> **Esta é minha vontade,**
> **Que assim seja!**

Os melhores horários para consultar seu espelho mágico são ao amanhecer, no fim da tarde e à noite.

Memória distante

Acenda uma vela branca em uma sala escura e coloque-a em uma posição para iluminar seu rosto enquanto você estiver diante do espelho, mas sem que seja refletida por ele.

Diga o seguinte:

> **Oráculo de luz lunar,**
> **Concede-me a clarividência sem tardar.**

Fite seu reflexo nos olhos, ou logo acima e entre eles. Gradativamente, seu reflexo desaparecerá e você verá outro rosto aparecer: será aquele de uma vida anterior. Ele será inequivocamente familiar.

Com a prática, isso pode ser usado para descobrir muitas coisas sobre vidas passadas. Experimente "sintonizar-se" com o rosto. Tente ver o restante do corpo, a vestimenta, joias, cenários de fundo, qualquer coisa que o ajude a identificar o período e a localização.

A mera visão do rosto pode provocar reações emocionais inesperadas em você. Observe-as e você poderá começar a se lembrar de pessoas e acontecimentos que estavam trancados em sua memória distante.

Às vezes isso funciona melhor à meia-luz. Ajuste a quantidade de luz que atinge seu rosto até chegar aos resultados desejados.

Um feitiço simples com espelho

Fique diante de seu espelho mágico. Coloque duas velas iguais, da cor adequada (veja o apêndice I), uma de cada lado. Com um lápis de cera (ou, como minha primeira professora sempre usava, um batom vermelho-vivo) ou tinta guache, desenhe uma runa ou símbolo de sua necessidade. Desenhe-o no espaço que seu rosto ocupa no reflexo. Veja o símbolo ficar repleto de seu reflexo e tenha certeza de que sua necessidade será satisfeita em sua vida.

Feche os olhos, concentre-se na visualização de sua necessidade e saia do local. Você deve deixar a runa no espelho até de manhã, quando deverá apagá-la com um pano, de preferência sem olhar para ela.

Adivinhação

Pegue um pequeno espelho redondo e mergulhe-o em água (de preferência um lago ou rio, mas uma pia ou banheira cheia de água serve). Retire-o imediatamente e veja seu reflexo. Se ele estiver desfigurado, cuidado! O mal pode estar trabalhando contra você, ou você logo enfrentará problemas. Faça magias de proteção.

Porém, se o reflexo estiver nítido, não há previsão de problemas.

Outra adivinhação

Se quiser descobrir as condições de uma pessoa distante, se ela está bem ou doente, com problemas ou em segurança, faça o seguinte:

Fique diante do espelho à meia-luz. Visualize o rosto da pessoa como você o viu pela última vez – esta visualização deve ser o mais detalhada possível. Agora mantenha o rosto na mente e espere que ocorram quaisquer mudanças: uma cicatriz que se forme no rosto pode indicar dificuldades de ordem física, um sorriso pode sugerir felicidade, e assim por diante.

A imagem inteira pode ficar coberta com um símbolo, que deverá ser interpretado para determinar a condição de seu amigo.

Com prática, isso pode ajudar muito a estabelecer laços com os amigos distantes, ou pelos menos "verificar sua situação".

Um portal-espelho

Quando sentir que o mal está em sua casa, arranje um espelhinho redondo. Pinte a parte de trás dele de preto e encontre uma forma de pendurá-lo no alto, em um canto perto do teto do aposento onde sentir o mal com maior intensidade.

Se possível, pendure o espelho em um ângulo de 45 graus com a parede.

Esse espelho atuará como um "portal" através do qual todo o mal na casa passará ao ar livre onde se dispersará e será destruído.

Depois de pendurar o espelho, fique na sala e veja o mal girando ao seu redor em sentido anti-horário, denso e negro como uma névoa poluída. Então, erga os olhos ao espelho e visualize uma grande porta se abrindo ali, uma passagem para o vácuo do espaço. Veja a névoa negra, infestada de malefício, ser sugada pelo espelho e enviada para longe de sua casa, e para fora de sua vida.

Se tiver dificuldade nisso, repita o processo até sentir a sala sem negatividade. Assim que conseguir (pode parecer que a sala suspira em seguida), suba em algo para alcançar o espelho e, com o indicador de sua mão dominante, desenhe uma cruz de braços iguais na face dele para "trancá-lo", tornando-se assim um portal de via única. O mal pode sair, mas não pode tornar a entrar.

Faça essa cruz movendo seu indicador do topo do espelho para baixo em uma linha reta; depois, levante o indicador, colocando-o no meio do lado esquerdo do espelho e traçando uma linha reta até chegar ao lado direito.

Deixe o espelho em sua posição por pelo menos sete dias. Depois disso, retire o espelho e limpe-o com uma solução forte de vinagre ou amônia para dissipar todas as vibrações negativas. Não faça este feitiço com seu espelho mágico.

Leitura pela lua com um espelho

Com um espelhinho redondo convexo, grande o bastante para segurar na mão (retrovisores de carros são ideais), saia em uma noite fresca e de céu limpo quando a lua cheia atingir seu apogeu no céu.

Sente-se confortavelmente e capte os reflexos da lua no espelho. Concentre-se no pequenino ponto de luz branco-prateada e comece a mover o espelho devagar, apenas frações de centímetros para todos os lados, observando a imagem da lua girar e se agitar na superfície do espelho.

Isso induzirá um estado de percepção psíquica depois de alguns minutos, desde que você o faça sozinho e não seja perturbado.

Para melhorar a aparência

Fique diante do espelho mágico, sozinho e nu. Se possível, cada parte do seu corpo que precise melhorar deve ficar visível. Isso exigirá um espelho grande, com pelo menos 76 centímetros de diâmetro.

Observe seu reflexo à luz suave de velas. Estude-o, analise-o. Diga o seguinte enquanto o faz:

Límpido como o ar,
Claro como cristal.
Torne minha forma
Bela e escultural.

Então, com seu poder de visualização, comece a moldar um novo corpo. Suavize suas rugas. Diminua as curvas. Aumente os músculos. Faça com a mente todas as mudanças que você gostaria de ver em seu corpo.

Sustente a visão pelo tempo que conseguir, até mais ou menos uns 13 minutos. Em seguida, olhe para seu corpo de novo e repita as palavras:

Límpido como o ar,
Claro como cristal.
Torne minha forma
Bela e escultural.

Repita este feitiço de manhã e à noite e complete com exercícios, dieta e o que mais puder ajudá-lo a atingir seu objetivo.

Feitiço para mandar de volta

Se você sente que pessoas ou entidades, conhecidas ou desconhecidas, estão lhe enviando malefícios, você pode usar este feitiço. Mesmo se não tiver certeza de que alguém está tentando prejudicá-lo, faça-o por precaução.

Coloque um espelhinho redondo (não seu espelho mágico) apoiado em uma parede, ou em um suporte, para que ele fique paralelo à parede. Diante dele, coloque uma vela preta em um castiçal simples. O espelho deve refletir a vela.

Agora, pegue uma vela branca grande e a acenda longe do espelho (de preferência onde não será refletida). Isso é feito para garantir que a vela preta não atraia nenhuma força maligna.

Em seguida, diante do espelho e da vela preta, acenda um fósforo e, enquanto acende a vela, comece a entoar:

Escuridão total
Manda de volta o mal.

Repita essas palavras enquanto olha para a vela por alguns instantes e, então, saia da sala.

Uma hora depois, apague a chama (sem usar os dedos – use um abafador ou a lâmina de uma faca) e guarde a vela e o espelho. Em seguida, apague a chama da vela branca e guarde-a em um lugar seguro, fora de sua vista. Repita o feitiço por sete noites ou até sentir que o mal foi embora.

Este feitiço manda qualquer força maligna que possa ter sido direcionada a você de volta a quem a enviou. É apenas uma medida defensiva.

O feitiço da moeda e do caldeirão

Este feitiço *é um vestígio da magia com espelho*s de metal feita por nossos ancestrais. O "espelho", aqui, é uma grande moeda de prata. (Se a moeda for americana, deve ter sido cunhada antes

de 1964, quando a prata nas moedas passou a ser substitu*ída
por outros metais*. *Eu uso uma moeda de 50 centavos* com a
imagem do Sino da Liberdade, de 1961. Como a prata *é um
símbolo da lua*, há um motivo específico para essa insistência
em usar moedas de prata.)

Na noite de lua cheia, encha um caldeirão (ou qualquer
bacia pintada de preto por dentro e por fora) com água. Leve
o caldeirão e a moeda para um lugar ao ar livre onde você não
será perturbado.

Coloque o caldeirão ou a bacia no chão. Erguendo a moeda na direção da lua, diga:

Dama da noite,
Dama da noite,
Fortalece a visão
Neste meu ritual.

Coloque a moeda na água. Quando ela afundar, ajuste o
caldeirão e a moeda para captarem e refletirem a luz da lua. Ela
parecerá um objeto prateado redondo e brilhante na escuridão do
interior do caldeirão.

Sentado ou ajoelhado confortavelmente, fite a moeda com
os olhos semicerrados. A clarividência virá.

O ESPELHO QUEBRADO

Quebrar um espelho traz sete anos de azar, certo?

É o que diz a superstição.

Na verdade, embora haja várias explicações para essa
informação errônea, uma das mais sensatas (no pensamento
mágico) é que você terá de comprar outro espelho! No século
XIV, produziram-se, em Veneza, os primeiros espelhos modernos quebráveis. Eles eram bem caros. Dá para imaginar o

futuro de um servo que quebrasse um espelho por acidente. Ele ou ela realmente teria azar com seu senhor ou senhora!

    Se seu espelho mágico ou qualquer outro espelho quebrar, não se preocupe. Ele ainda tem valor em magia. Colete com cuidado todos os fragmentos maiores e coloque-os em um garrafa de vidro transparente. Recolha os caquinhos do espelho, ponha-os na garrafa também, fechando-a ou tampando-a bem, e deixe-a, em seguida, junto a uma janela ensolarada da casa.

    Isso automaticamente impedirá o mal ou influências negativas de entrarem em sua residência, pois os milhares de minúsculos estilhaços agem, cada um, como um espelho protetor.

    Mantenha a garrafa limpa e ele sempre vai lhe servir bem. Se quiser, cole um espelhinho redondo em cima dele.

    Quando terminar, compre outro espelho e o prepare para que tenha um quando precisar.

Capítulo 16

Magia da Chuva, da Neblina e da Tempestade

O clima tem sido objeto de medo, alegria, raiva e frustração há muito tempo. Para aqueles que não estão em contato com a natureza, uma tempestade inesperada pode arruinar um piquenique, ou um raio pode atingir uma casa e queimar seus bens.

Magos e bruxas de todos os tempos conheciam métodos para trabalhar com o clima, bem como para controlá-lo até certo ponto.

Esta é a magia dos raios, das neblinas densas, das chuvas suaves e das tempestades estrondosas. Embora haja inúmeros feitiços para provocar chuva, apenas alguns deles foram incluídos aqui, pois em geral os efeitos são os desejados – e, então, já não podem ser suspensos.

Chuva

A chuva é o ciclo de limpeza, o ciclo purificador da natureza. Como tal, uma tempestade é um momento excelente para fazer feitiços desse tipo, como este:

Para largar um mau hábito

Com aquarela ou giz de cera, desenhe ou escreva o mau hábito em um pedaço de papel e coloque-o imediatamente sob a chuva, deixando que ela dissolva e apague a tinta ou o giz. Assim também seu hábito se dissolverá, lavado pela chuva santificadora.

Uma adivinhação com a chuva

Quando estiver caindo uma chuva suave lá fora, faça o seguinte: em uma superfície plana, como uma forma de bolo ou uma assadeira para biscoitos, polvilhe uma camada uniforme de um tempero em pó, como canela. Quando a superfície estiver completamente coberta por igual, leve-a para fora e fique na chuva. Faça sua pergunta e corra para dentro. As gotas de chuva formarão padrões ou símbolos no tempero. Sente-se em silêncio e observe o tempero até identificar a resposta.

Magia com neblina

A melhor ocasião para se realizar magia com neblina é à noite, quando a névoa cai densa à sua volta. Não pode haver quase nenhuma luminosidade na vizinhança para que os feitiços e a magia tenham eficácia máxima. Além disso, você deve ficar sozinho com a neblina.

Se houver luz, posicione-se de modo que ela fique atrás de você. Ela iluminará a neblina à sua frente, mas você não será perturbado por sua luminosidade.

A neblina oculta o mundo externo. Dentro dela você está só, terrivelmente sozinho, tendo apenas o solo onde pisa, ligando-o com a terra. A magia com neblina é desestruturada e tão inconstante quanto a própria neblina. Aqui estão algumas orientações.

Como carregar a neblina com energias

Use a vasta neblina diante de si. Carregue-a de uma emoção específica: ódio, alegria, amor, frustração, medo, paz, terror. Experimente para ver se consegue.

Veja essas emoções saindo de seu corpo como raios brilhantes de energia. Veja-as penetrando a neblina, iluminando-a até ela brilhar com positividade.

Agora, livre-se do sentimento. Entre na neblina e sinta os efeitos que ela tem sobre você. Aquelas emoções devem inundá-lo.

Se conseguir, avance no exercício. Carregue a neblina à sua frente com ondas radiantes de calor. Entre nela e você se sentirá mais aquecido.

Quando dominar esta técnica, ela pode ser usada para propósitos práticos na próxima vez em que você estiver andando na neblina. Se sentir medo, carregue a neblina à sua frente com paz ou coragem. Continue a fazer isso enquanto caminha. Em minutos, seu medo desaparecerá.

Ou talvez suas finanças não estejam como deveriam. Carregue a neblina diante de si com energia dourada, vendo-a resplandecer com moedas de ouro que flutuam loucamente no ar envolto em névoa. Enquanto caminha, "pegue" essas moedas e as coloque no bolso.

Isso pode ser usado para muitas coisas.

Neblina protetora

Mais uma vez, quando estiver caminhando por uma névoa densa, visualize-a enrolando-se em seu corpo em sentido anti-horário e formando um casulo fechado de luz branca muito brilhante.

Uma vez dominada, esta técnica será uma proteção excelente contra o desconhecido que pode estar aguardando na névoa.

Um exercício mágico com neblina

Para desenvolver seu poder de concentração, e também como uma excelente demonstração de poder, coloque-se na neblina, em um lugar onde possa vê-la (durante o dia ou perto de uma fonte de luz).

Olhe diretamente à sua frente, na névoa, enquanto relaxa. Seu objetivo é abrir espaços vazios. Não tente forçar a névoa a evaporar, apenas olhe bem para ela. Se estiver fazendo direito, os espaços vazios começarão a aparecer sem parar.

Uma visualização com neblina

Quando sentir que sua mente está sendo invadida, ou perceber que alguém está tentando ler seus pensamentos, visualize uma névoa densa e impenetrável girando em sentido anti-horário na sua cabeça. Veja-a como uma massa escura em constante movimento. Isso impedirá eficazmente qualquer bisbilhotice psíquica, desde que a visualização seja mantida.

Embora não haja muita necessidade disso, há pessoas que, mesmo sem saber, tentam entrar em nossa mente. Essa visualização bloqueará suas tentativas.

TEMPESTADES

Tempestades elétricas são eventos de grande energia. A energia elétrica dos raios se mistura com as forças magnéticas da água (chuva), criando assim uma poção mágica poderosíssima.

Qualquer feitiço lançado durante uma violenta tempestade terá seu poder bastante aumentado. Por isso, essas ocasiões, principalmente quando ocorrem depois do anoitecer, costumam lançar rapidamente qualquer bom mago ou bruxa ao trabalho.

Primeiro, a casa deve estar protegida, assim como seus bens e moradores.

Feitiço para o lar durante uma tempestade de raios

Acenda uma vela branca e uma amarela e coloque-as em um local importante da casa (um altar mágico ou religioso seria o ideal).

Caminhe pela casa, de aposento em aposento, entoando estas palavras, até ter visitado cada cômodo, guarda-roupas, armário e entrada pelo menos uma vez:

Senhora da chuva suave,

Mestra do temporal,

Protege-me do perigo,

Guarda-me de ruína e mal.

E, enquanto fogo pelo céu voar

E chuva pesada desabar,

Cuida de meus entes queridos,

Até a tempestade passar.

Vento, ventania, guarda minha família.

Chama, labareda, não causes perda.

Chuva, chuva, depressa diminui.

Terra, terra, meus bens preserva.

A casa então ficará selada e protegida até a tempestade acabar.

Magia com raios

Agora, vamos ao trabalho em si. Todos os amuletos, talismãs, berloques da sorte e objetos de poder pessoais podem ser carregados com as energias reluzentes que, como a chuva, descem do céu.

Leve para fora os objetos que serão carregados (apenas aqueles que você sentir que precisam da energia elétrica dos raios, como objetos relacionados a cura, proteção, entre outras coisas) e coloque-os em um lugar onde não sejam levados pela água, mas ainda assim fiquem totalmente expostos à chuva e aos raios.

Não os deixe no telhado de uma casa ou outra estrutura. Você pode amarrá-los em uma árvore ou colocá-los em um recipiente grande. Faça o que for necessário para garantir a segurança dos objetos durante o processo de energização.

Quando a tempestade passar, leve-os para dentro, seque-os com cuidado e guarde-os em um lugar seguro. Eles estarão altamente energizados, vibrando de energia.

Proteção contra raios

Se houver muitos raios lá fora, você pode fazer um amuleto antirraios para evitar que sua casa seja atingida. Para fazer esse amuleto, pegue aproximadamente uma colher de chá de cada uma destas plantas: salsinha, frutos de sabugueiro, visco. Em seguida, acrescente uma bolota e um pouco de samambaia moída. Coloque os ingredientes em um saquinho feito de um material branco, encha-o de sal grosso e o pendure o mais alto que puder na casa. O sótão é um lugar excelente. Isso protegerá sua casa dos raios.

Segundo a tradição, deve-se plantar um carvalho perto da casa para protegê-la dos raios, então, se você mora em uma área sujeita a muitas tempestades, faça isso.

E, por fim, um último encantamento com raios. Se, passada a tempestade, você encontrar uma árvore que tenha sido atingida por um raio, procure um pedacinho da madeira chamuscada. Enterre algo para a árvore se você levar algum pedaço da madeira. Dizem que, se um doente segurar a madeira atingida pelo raio, esfregá-la na parte enferma do corpo e jogá-la para trás de si, ela levará embora qualquer doença.

Quando a tempestade acaba

Quando a chuva e os raios pararem, mas você não tiver certeza se a tempestade acabou mesmo, olhe para o céu, se for dia. Se vir pássaros, é um excelente sinal. Para ter certeza, no entanto, observe os pássaros voando ao mesmo tempo em que entoa em voz alta:

**Pássaros do ar,
Voem sem cuidar.
Vai chover aqui?
Vai chover lá?**

Quando, em seu voo, eles se distanciarem, pare o cântico e olhe atentamente para que direção seguem. Se for para o leste, a tempestade passou; se for para o sul, uma tempestade ainda mais forte pode estar a caminho. Quando os pássaros voam para o oeste, a chuva continuará em breve; mas, se forem para o norte, o tempo ficará aberto pelo resto do dia. Ou diga:

**Para o leste, clareará,
Para o sul, tempestade virá,
Para o oeste, nunca acabará,
Para o norte, o sol brilhará.**

Para influenciar o clima

Como dito anteriormente, pode ser perigoso controlar o clima. Em certas ocasiões, porém, tais feitiços são necessários. Se forem utilizados em uma necessidade sincera e genuína, seu uso não causará problemas.

Lembre-se de que a Mãe Natureza é uma força poderosa. Não é fácil persuadi-la a mudar de ideia (ou clima).

Para chuva

Em um lugar isolado ao ar livre, queime urze, samambaia e giesta. Enquanto a fumaça sobe, visualize-a formando nuvens, que vão ficando escuras e, por fim, liberam seu estoque de chuva no solo.

Uma poção para chuva

Encha um balde, bacia ou caldeirão com água. Adicione algumas folhas de samambaia, secas e moídas, e leve o recipiente para fora, junto com uma vassoura nova, colocando-os onde quiser que a chuva caia. Com a extremidade de palha da vassoura, mexa o caldeirão em sentido horário, aumentando aos poucos a velocidade até mexer a água violentamente e o cabo da vassoura pareça estar quase girando por conta própria.

Enquanto fizer isso, visualize uma tempestade em todo o seu esplendor desenfreado: com a chuva caindo no chão seco e rachado, levantando nuvens de poeira, o vento açoitando as árvores e suas próprias roupas; o cheiro do trovão – o impressionante poder da natureza derramando toda a sua fúria em um acesso tremendo.

Quando conseguir imaginar vividamente a chuva despencando sobre você e o vento soprando com violência, levante a extremidade molhada da vassoura para o céu e balance-a com toda a força. Mergulhe-a de novo no caldeirão e repita o processo, ainda visualizando a tempestade exibindo todas as suas forças ao seu redor.

Jogue a vassoura no chão. Levante o caldeirão e atire seu conteúdo para o alto.

Prepare-se!

Para impedir a chegada de uma tempestade

Procure um machado que tenha sido usado para cortar lenha. Pegue-o, corra até o limite de sua propriedade e levante o machado acima da cabeça. Gire-o (em sentido anti-horário), golpeando a corrente de ar, como se a cortasse. O vento diminuirá e a tempestade seguirá para outro lugar, poupando você e sua propriedade. A magia do machado afiado cumpriu seu papel.

Isso já foi muito popular entre fazendeiros cuja colheita futura teria sido destruída pela chuva.

Para fazer parar a chuva

Com dois gravetos, faça uma cruz de braços iguais e polvilhe sal sobre ela. A chuva cessará. Faça isso ao ar livre.

Naturalmente, essas técnicas podem funcionar ou não. Elas foram formuladas ao longo dos últimos milênios a partir de nosso desejo de controlar o ambiente. Isso não é possível. Não podemos controlar o clima mais do que conseguimos controlar terremotos. A natureza deve liberar suas energias, ou teremos problemas ainda maiores.

Deixe a natureza seguir seu curso, deixe-a extravasar suas energias periodicamente e use esses últimos feitiços apenas em caso de extrema necessidade.

É a única condição em que funcionarão.

Para encerrar este capítulo, deixo aqui uma nota prática. Acredita-se que cozinhar ovos ao ar livre provoca chuvas. Da próxima vez que for acampar, leve-os pré-cozidos, a menos que queira férias encharcadas!

Capítulo 17

Magia do Mar

A magia do mar é aquela praticada perto do oceano ou com objetos que o oceano molda ou transforma.

Há milênios o mar é cultuado, temido, consagrado e reverenciado ainda de outras maneiras, bem como recebido orações e sacrifícios. Tem sido a morada de deusas e deuses, sereias e tritões, ondinas e serpentes, monstros horrendos e encantadoras ninfas da água, que seduzem marinheiros, levando-os à morte em rochas traiçoeiras.

Sob suas ondas estão terras e civilizações mitológicas antigas, como a Atlântida, a Lemúria e Lyonesse, entre outras, e dele surgiu toda a vida. Portanto, o mar é o início e o fim, o alfa e o ômega, a fonte de toda a vida e o que a nutre. Na Antiguidade, tal como hoje, havia centros populacionais perto de rios ou no litoral, onde havia fácil acesso a alimentos, como peixes, crustáceos e algas, bem como uma plataforma em que embarcações de junco e betume, de madeira e cordas de cânhamo, e, posteriormente, barcos de estruturas mais sofisticadas poderiam navegar e dali viajar para terras distantes.

Os povos que dependiam do mar para conseguir seu sustento e, por isso, para manter suas próprias vidas o personificaram. Deuses e deusas emergiam de suas profundezas e abriam seus braços amorosamente para abraçar os povos simples, ou sopravam ondas que destruíam suas embarcações frágeis e devastavam vilas.

Assim como riachos, nascentes e rios, o mar também era reverenciado. Além de ritos religiosos, praticava-se magia, como ainda se faz hoje.

Muitas das antigas divindades do mar são agora assunto de livros: Poseidon, Ísis, Llyr, Ponto, Mari, Netuno, Shony, Tiamat, Dylan, Manannan. Todos esses e muitos outros já receberam libações, oferendas de incenso e sacrifícios.

O que os livros parecem não saber é que eles ainda vivem. Seus murmúrios são ouvidos nos suspiros do oceano e seus poderes crescem e minguam com a lua. Eles aguardam o momento de se reerguerem e serem reconhecidos novamente.

Embora você não precise cultuar o mar ou suas divindades para praticar a magia do mar, você deve respeitá-lo como um vasto repositório de poder. Ele é nossa mãe ancestral, mais antigo que os continentes sobre os quais vivemos, mais antigo que montanhas, árvores ou pedras. Ele é o próprio tempo.

A magia do mar é mais efetiva se realizada perto do oceano, mas muitos dos feitiços a seguir podem ser levemente alterados e realizados em qualquer lugar, desde que você adquira alguns dos instrumentos.

Uma bacia com água em que você tenha colocado um pouco de sal fará as vezes do oceano, se necessário, do mesmo modo que uma banheira com água salgada. Procure conchas, areia, algas e outros itens em antiquários e casas especializadas.

A magia do mar é tão misteriosa e flexível quanto os próprios oceanos. Eis aqui um pouco dela.

As marés

As marés são um aspecto essencial da magia do mar, assim como a lua o é para todo tipo de magia. As marés marcam a pulsação do oceano, os fluxos de poder que podem ser acessados e utilizados em magia.

As marés têm quatro fases, como a lua, que as controla:

1. Enchente da maré: quando a maré sobe (da maré baixa até a maré alta).

2. Maré alta: o nível máximo de elevação ou avanço do oceano na praia em um período de 12 horas.

3. Vazante da maré: quando a maré recua ou baixa (da maré alta até a maré baixa).

4. Maré baixa: o nível mais baixo que o oceano atinge na praia em um período de 12 horas.

Em geral, a maré baixa não é usada em magia. Entretanto, é um bom momento para meditação e introspecção e também para olhar para as vidas passadas.

Todos os feitiços positivos e produtivos devem ser lançados durante a enchente da maré, inclusive aqueles para fertilidade, dinheiro, amor, cura, etc.

A maré alta é tradicionalmente a melhor ocasião para realizar feitiços de todos os tipos: positivos ou negativos, bons ou prejudiciais.

A vazante da maré é a ocasião ideal para feitiços de destruição e banimento.

Todos os dias ocorrem duas marés altas e duas marés baixas. A maioria das bibliotecas e lojas de pesca esportiva tem tabelas com as marés, assim como os jornais de cidades litorâneas. Faça uma tabela das marés do dia em que você queira fazer um feitiço, se morar próximo do oceano, e o faça o mais perto que puder da "fase" adequada para obter os melhores resultados. Pode-se fazer isso para cada feitiço ou trabalho de magia que você realizar, mas não é necessário.

Para um ritual importante, a maré mais alta do mês é o momento mais auspicioso. Você pode determinar isso estudando uma tabela de maré por um mês e encontrando a maior altura que o oceano atinge na praia. Esta é a maré mais alta e ela sempre corresponde à lua cheia. Se não puder esperar, não se preocupe, isso não prejudicará o feitiço.

Além dos poderes adicionais disponíveis no mar na maré alta, há também um motivo prático para anotar as marés. Rituais realizados em faixas isoladas da praia são experiências mágicas realmente evocativas, mas se a maré estiver na enchente e a área for rochosa com penhascos íngremes, você pode se ver preso ali, sem ter aonde ir.

Isso quase me aconteceu certa noite. Depois de uma noite mágica na praia, a maré subiu perigosamente. Tive de escalar uma série de penhascos recortados na escuridão quase total para voltar a meu carro. Olhando para trás, eu via a praia sob as águas. Depois disso, eu sempre fiz tabelas das marés!

Os instrumentos

Os instrumentos da magia do mar são encontrados no oceano ou jogados na praia pelas ondas. Eles podem ser naturais e feitos pelo homem, antigos como o próprio mar e tão novos e recentes como o amanhecer. Embora os instrumentos variem de um lugar para outro e de uma época para outra, eis aqui alguns dos mais conhecidos.

Conchas marinhas

Presentes do mar, as conchas são usadas para representar as divindades do oceano. As longas e espiraladas representam os deuses, enquanto as redondas simbolizam as deusas. Os búzios também são usados há séculos para este último propósito.

Muitas bruxas e magos do mar colocam conchas em seus altares por este motivo quando fazem magia do mar em casa.

Quando os feitiços são feitos no litoral, pode-se traçar um círculo protetor com um anel de conchas recolhidas para esse propósito específico.

Colares de conchas são usados para promover fertilidade ou atrair dinheiro, pois elas já foram usadas como moeda corrente.

Pegue uma grande concha univalve (com apenas uma parte) e segure-a perto do ouvido. Você ouvirá a voz do mar. Deixe-a falar com você. Você pode ouvir mensagens do futuro ou do passado, ou o som do mar pode tranquilizar sua mente para que possa receber mensagens psíquicas.

Uma concha especial que você encontre na praia pode ser transformada em um amuleto protetor ou para sorte.

Dentro de casa, uma concha pode representar o mar. Segure-a junto ao ouvido: se os sons forem altos, o mar está bravio; se forem suaves, o mar está calmo e sem ondas.

Colocar uma concha na entrada da casa atrai boa sorte.

Conchas espiraladas de moluscos e outras univalves muito grandes são sopradas em rituais no litoral para afastar a negatividade e invocar a presença de deuses e bons espíritos em rituais e feitiços.

Madeira flutuante ou à deriva

A madeira flutuante, cheia do sal do mar, secada pelo sol na praia, é o combustível natural para fogueiras místicas, que costumam ser empregadas em magia (veja o capítulo 7: Magia do Fogo).

Essa madeira pode ser usada em feitiços. Pegue um pedaço conveniente e entalhe sua necessidade nele com uma faca. Jogue a madeira ao mar, implorando que seu pedido seja atendido.

Um pedaço menor de madeira flutuante pode ser adornado com símbolos de proteção e usado como amuleto ou talismã para atrair ou repelir forças, dependendo de seus desejos.

Pode-se fazer um tipo de varinha de condão mágica com um pedaço de madeira flutuante. Com ela, você pode desenhar círculos na areia, dentro dos quais realizaria sua magia. Ela também pode ser usada para traçar runas na areia. Não há regras para o tamanho, o formato ou o tipo de madeira usada. O que o mar tiver a oferecer servirá.

Boias de pesca

Nas praias do Oceano Pacífico, na parte noroeste dos Estados Unidos, lançam-se boias de pesca na praia. Isso também acontece nos litorais de diversas partes do mundo.

Muitos anos atrás, todas essas boias, usadas para segurar redes de pesca na superfície, eram feitas de vidro, geralmente de uma tonalidade azul ou verde. O vidro é espesso e as boias "abrem-se com um estalo" quando lançadas ou quebradas. Na base da esfera há uma porção de vidro levemente elevada, na qual a bola era lacrada durante sua fabricação.

Infelizmente, a maioria das boias de pesca usadas hoje é de plástico. Se você encontrar uma bola de vidro na praia, será muita sorte. Se não encontrar, compre uma em um antiquário ou loja de presentes. Verifique se a bola foi realmente usada no mar, pois é isso que a energiza e lhe dá poder.

Quer você encontre ou compre uma bola antiga ou nova, leve-a para o mar na maré alta. Mergulhe-a três vezes na água e diga o seguinte:

> **Esfera de vidro azul (ou verde), aqui te energizo,**
> **Para me fazeres um obséquio psíquico.**
> **Quando o sal te tocar, teu poder se fará vivo!**
> **Esta é minha vontade, e que assim seja.**

Leve a esfera para casa, embrulhe-a em um tecido verde-azulado e guarde-a em um lugar seguro.

Agora a boia pode ser usada como uma bola de cristal. Pegue-a, unte sua base com um pouquinho de água salgada, segure-a no tecido e contemple-a para ver o oculto.

Pedras furadas

Se encontrar no litoral uma pedra com um furo no meio, pegue-a, pois é um instrumento mágico valioso. Pendura-se a pedra "esburacada" ou furada em casa para proteção. Ela também é usada em um cordão em volta do pescoço com a mesma finalidade, e serve ainda a muitos outros propósitos mágicos.

Pegue uma pedra furada, ache um graveto que caiba direitinho dentro do buraco e o encaixe com firmeza. Jogue ao mar. O amor virá até você.

Para ver os espíritos do mar, leve consigo a pedra furada até o oceano, à noite, na maré alta. De frente para o mar, feche um dos olhos e coloque a pedra na frente do outro. Você verá os espíritos pelo furo.

Para cura, coloque uma pedra furada na água da banheira. Adicione sal e entre. A pedra deve ser usada apenas para isso.

A pedra furada é um dos mais valiosos instrumentos de magia e é de graça, um presente do mar. Por ser um símbolo da eternidade e da força feminina da natureza, não só traz boa sorte e se constitui um instrumento mágico eficaz, como é realmente sagrado.

Alga marinha

Embora a alga marinha seja um alimento importante em muitas partes do mundo, aqui no Ocidente ela é usada raramente, exceto no processamento e preservação de diversos alimentos e produtos, como pasta de dentes e sorvete. No entanto, há muitos usos mágicos para a alga marinha.

Seque um pequeno pedaço de qualquer tipo ao ar livre. Quando estiver bem seco, pendure-o na casa e ele manterá a estrutura protegida contra o fogo.

A alga marinha seca também é usada para acender fogueiras na praia e é pendurada do lado de fora da casa como indicador do clima. Quando ela estiver murcha e enrugada, o dia será ensolarado. Quando inchar e parecer úmida ao toque, porém, há chances de chuva.

Colocar um pequeno pedaço de alga em uma garrafa de uísque, bem fechada e colocada em uma janela ensolarada, pode atrair dinheiro para sua casa. Você deve chacoalhar a garrafa todos os dias.

A seguir há uma coletânea de feitiços do mar, tal como são realizados hoje em dia. Eles podem ser feitos por qualquer um, desde que esteja perto do mar ou de um grande lago ou rio.

Limpeza

Quando se sentir péssimo, azarado, furioso ou cheio de medos e ansiedades, caminhe até o mar ao amanhecer. Deixe as ondas baterem em você e diga algo como:

> **Realizo este ato de limpeza**
> **no local do início de toda a vida.**
> **As ondas envolvem corpo e espírito,**
> **o pó cai no mar purificador.**
> **Sinto-me revigorado e renovado.**
> **Puro como o mar.**

Em seguida, saia da água, pare na areia e deixe o vento secar seu corpo. Está feito.

Para entrar em transe

Sente-se na praia, acima da linha da maré alta, e feche os olhos. Relaxe, ouça as ondas do oceano formando-se e quebrando, e você entrará em transe.

Ou observe os reflexos da lua cheia no oceano, seguindo seu caminho com os olhos no horizonte e então de volta, na direção em que você está. Repita isso até entrar em transe.

Garrafa das bruxas do mar

Leve um pote grande com uma tampa que feche bem (como um pote de conservas ou maionese) e um saco ao oceano no início da manhã, de preferência logo depois de uma maré alta.

Caminhe pela praia catando pequenos pedaços de madeira flutuante, conchas, rochas e todos esses objetos naturais que as ondas do mar lançaram na areia. Coloque-os no saquinho.

Quando tiver recolhido várias coisas, pare, sente-se na praia e espalhe os objetos diante de si. Coloque-os um a um no pote, dizendo:

Amuleto do mar que encontrei,
energia protetora em você achei.

Quando cada objeto estiver dentro do pote, acrescente meio punhado de areia limpa e encha o pote com água do mar.

Feche bem com uma tampa ou uma rolha e leve-o para casa. Em sua propriedade, se possível perto da entrada, cave um buraco no chão, grande o bastante para abrigar o pote. Enquanto cava, diga o seguinte:

Ondas na areia, marés em movimento,
és agora um oceano em silêncio.
Para o mar desvia toda energia malfazeja,
Esta é minha vontade, que assim seja.

Cubra a garrafa e dê à terra uma aparência normal. Se não puder enterrar a garrafa, esconda-a em um vaso de flores, cubra-a com terra ou areia e coloque o vaso em algum lugar ao ar livre, perto de casa.

O pote atuará como um objeto protetor para seu lar e todos que nele residem.

Para emanar poder

Sente-se na praia e medite. Visualize sua necessidade. Sinta o poder. Quando a energia estiver no auge, segure-a até uma onda bater na areia e então a solte. A onda ampliará muito o poder.

Um feitiço marinho de amor

Em uma sexta-feira, na maré alta, de preferência à noite, leve uma maçã e alguns cravos-da-índia ao oceano. Na praia, finque os cravos na maçã, desenhando nela a runa do amor três vezes (veja o apêndice II).

Em seguida, segure a maçã em sua mão dominante e coloque nela seu desejo por amor, dizendo palavras como estas:

**Maçã do amor, cravos de fogo,
Isto é o que preciso, este é meu rogo!**

Jogue a maçã ao mar o mais longe que puder. Que assim seja.

O feitiço do balde

Encha um balde com alça de ferro no mar e jogue a água de volta. Repita mais duas vezes e, a cada vez que devolver a água ao mar, diga:

**Eu te devolvo o que é teu,
Devolve-me o que é meu.**

Este feitiço é usado para trazer marinheiros e pescadores de volta para casa em segurança.

Para se comunicar com alguém que está no mar

Encha um vaso de cristal grande com água do mar. Coloque-o na areia e, sentando-se diante dele, mantenha as mãos acima da superfície da água, com as palmas voltadas para baixo; visualize nitidamente o rosto da pessoa com quem você deseja falar. Retire as mãos e, com sua imaginação, "escreva" a mensagem na superfície da água.

Em seguida, jogue a água ao oceano. Este feitiço levará sua mensagem para alguém que estiver no mar.

Um feitiço do mar

Este é um feitiço para todos os propósitos.

Vá à costa quando a maré tiver começado a subir (depois da maré baixa, mas antes da alta). Na areia logo acima da linha de arrebentação das ondas, desenhe com os dedos um círculo de uns 30 centímetros de diâmetro.

Depois, desenhe uma runa ou uma imagem de sua necessidade dentro do círculo que você criou. Enquanto desenha, visualize uma chama azul líquida atingindo a areia por onde seu dedo passa. Quando a figura estiver pronta, veja o poder entre os sulcos na areia molhada como água fosforescente, em uma imagem perfeita de sua necessidade. Concentre-se nessa visualização.

Agora, afaste-se e espere as ondas virem e lavarem seu desenho, liberando a energia e cumprindo seu comando.

Um dia, enquanto fazia este feitiço na praia durante uma garoa, fiquei esperando a onda vir apagá-lo. Enquanto ela fazia isso, senti um raio de energia sair da runa que eu havia desenhado na areia e me atingir no peito. Foi uma sensação física mesmo. A energia foi liberada e de fato manifestou meu pedido.

Um feitiço com concha

Pegue uma quantidade suficiente de conchas na praia. Elas não precisam ser espécimes perfeitos e lustrosos, mas devem estar ao menos praticamente inteiras. Faça isso na maré adequada, é claro.

Em um trecho isolado da praia, fique de pé segurando as conchas na mão (ou em um saco) e observe as ondas por um tempo. Cada sétima ou nona onda deve ser maior que as outras. Embora isso possa ser apenas uma superstição, observei esse padrão nas ondas da costa oeste dos Estados Unidos.

Logo depois da onda maior da sequência, forme com as conchas uma imagem rudimentar de sua necessidade na areia. Ou, se quiser, apenas forme com elas a palavra que traduz seu desejo.

Trabalhe rápido, afaste-se e espere pela volta da onda maior. Se, quando ela vier, suas conchas voltarem com ela para o mar, seu desejo será atendido.

Epílogo

Aurora. Bem acima da floresta coberta de neblina, um pássaro selvagem anuncia o ressurgimento do sol com um grito de êxtase. Em meio às árvores cobertas de musgo, um homem caminha, os passos provocam estalos suaves no solo da floresta.

Despontando em meio ao ar enevoado, ele vê uma árvore, sorri e caminha até ela, colocando-se embaixo de seus galhos nodosos.

Depois de tirar um graveto chamuscado do bolso do casaco, o homem desenha um símbolo redondo em uma folha enquanto sua respiração congela no ar. Com um galho caído, ele amarra a folha ao tronco largo da árvore e se afasta para admirar seu trabalho.

A luz do sol se derrama sobre a madeira, desfazendo a névoa com seus raios brilhantes.

Ao ver isso, o homem limpa a poeira das mãos, dá uma última olhada na árvore e segue de volta para casa.

Uma brisa sacode as árvores. A luz de repente incide sobre o tronco da velha árvore. O vento rodopia ao redor dela, forçando o galho até ele se soltar. A brisa apanha a folha com a inscrição e, com um brilho marrom-dourado sob a luz, ela se eleva ao ar, girando, cada vez mais alto, ultrapassando o pássaro que canta e seguindo para o sol.

A magia começou.

Anexo I

CORES

Amarelo: clarividência, adivinhação, estudos, aprendizado, a mente

Azul: cura, meditação, tranquilidade

Branco: proteção, paz, pureza, verdade

Laranja: força, autoridade, atração, sorte

Marrom: objetos físicos, cura para animais, casas e lares

Preto: absorção da negatividade, destruição da negatividade

Rosa: amor sentimental, amizades

Roxo: poder, cura de doenças letais

Verde: cura, dinheiro, prosperidade, sorte, fertilidade

Vermelho: amor sexual, paixão, energia, entusiasmo, coragem

Anexo II

RUNAS

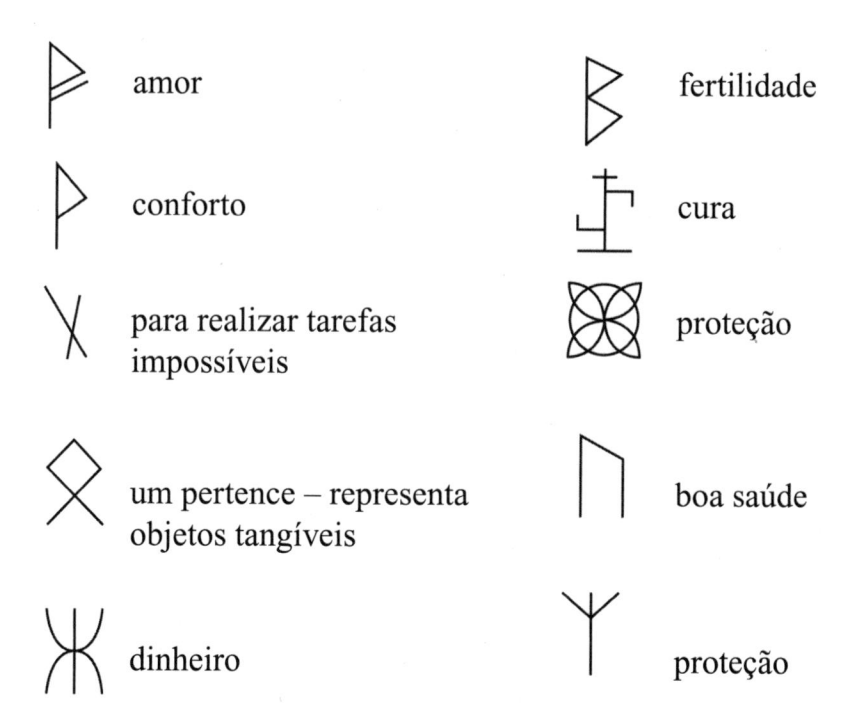

ᚹ amor	ᛒ fertilidade
ᚦ conforto	cura
ᚷ para realizar tarefas impossíveis	proteção
ᛜ um pertence – representa objetos tangíveis	ᚢ boa saúde
dinheiro	ᛉ proteção

Anexo III

ERVAS

As ervas recomendadas para várias necessidades mágicas estão listadas abaixo do respectivo tópico, em ordem alfabética:

Adivinhação
Absinto
Alecrim
Anis
Anis-estrelado
Arnica-brasileira
Artemísia
Bistorta
Calêndula
Canela
Chicória
Eufrásia
Freixo
Louro
Milefólio
Noz-moscada
Patchouli
Potentilha
Resina da aroeira
Rosa
Sândalo
Tomilho
Zimbro

Amor
Alcaravia
Alecrim
Áster
Barba-de-bode
Coentro
Cominho
Íris
Jasmim
Laranja
Lavanda
Levístico
Maçã
Manjerona
Milefólio
Murta
Sete-em-rama
Verbena
Violeta

Cura
Alecrim
Amaranto
Anêmona
Arruda
Bálsamo-de-meca
Canela

Cardo
Cebola
Cravo
Eucalipto
Freixo
Gerânio vermelho
Hortelã
Hortelã-pimenta
Lavanda
Lúpulo
Maçã
Mirra
Murta
Narciso
Rosa
Sálvia
Sândalo
Violeta

Dinheiro

Amêndoa
Batata-de-purga
Bergamota
Briônia
Camomila
Cravo-da-índia
Hissopo
Jasmim

Madressilva
Manjericão
Menta
Patchuli
Pinheiro
Potentilha
Sálvia
Sassafrás
Trigo
Verbena

Fertilidade

Carvalho
Girassol
Mandrágora
Murta
Noz
Papoula
Pepino
Pinheiro
Romã
Rosa

Juventude

Alecrim
Carvalho
Lavanda
Prímula

Sálvia
Tília

Negócios

Benjoim
Canela

Paz

Cominho
Manjericão
Olíbano
Rosa
Valeriana

Poderes mentais

Alcaravia
Alecrim
Arruda
Avelã
Bálsamo-de-meca
Cravo-da-índia
Lavanda
Madressilva
Pervinca

Proteção

Alecrim
Angélica
Arruda
Bálsamo-de-meca

Boca-de-leão
Ciclame
Endro
Estragão
Freixo
Funcho
Gerânio rosa
Hissopo
Louro
Milfurada
Peônia
Samambaia
Sorveira-brava

Verbasco
Verbena
Visco

Purificação

Açafrão
Alecrim
Anis
Arruda
Erva-cidreira
Hissopo
Hortelã-pimenta
Laranja

Lavanda
Levístico
Limão
Louro
Manjericão
Mirra
Olíbano
Pinheiro
Sabugueiro
Sândalo
Sangue-de-drago
Selo-de-salomão

BIBLIOGRAFIA

Poderes da Terra

BORD, Janet e Colin. *Mysterious Britain*. New York: Doubleday, 1972.

——. *The Secret Country*. New York: Warner, 1976.

HITCHING, Francis. *Earth Magic*. New York: Pocket Books, 1978.

MICHELL, John. *The View Over Atlantis*. New York: Ballantine, 1972.

Folclore e Superstição

COFFIN, Tristram; Cohen, Henning, eds. *Folklore in America*. New York: Anchor Books, 1970.

DE LYS, Claudia. *A Treasury of American Superstitions*. New York: Philosophical Library, 1948.

EICHLER, Lillian. *The Customs of Mankind*. New York: Doubleday, 1924.

FRAZER, James. *The Golden Bough*. New York: Macmillan, 1956. (One-volume abridged edition.)

HARLEY, Rev. Timothy. *Moon Lore*. Rutland, VT: Charles E. Tuttle Co., 1970.

LEACH, Maria. *The Soup Stone: The Magic of Familiar Things*. London: Mayflower, 1954.

LEACH, Maria, ed. *The Standard Dictionary of Folklore*. New York: Funk and Wagnalls, 1972.

LAWSON, John Cuthbert. *Modern Greek Folklore and Ancient Greek Religion*. New Hyde Park, NY: University Books, 1964.

RANDOLPH, Vance. *Ozark Superstitions*. New York: Columbia University Press, 1947.

WARING, Phillipa. *A Dictionary of Omens and Superstitions*. New York: Ballantine, 1979.

Magia

AGRIPPA, Henry Cornelius. *The Philosophy of Natural Magic*. Secaucus, NJ: University Books, 1974.

BUCKLAND, Raymond. *Practical Candleburning Rituals*. St. Paul, MN: Llewellyn, 1970.

BURLAND, C. A. *The Magical Arts: A Short History*. New York: Horizon, 1966.

BURRISS, Eli Edward. *Taboo, Magic and Spirits*. New York: Macmillan, 1931.

CHAPPEL, Helen. *The Waxing Moon: A Gentle Guide to Magick*. New York: Links, 1974.

CUNNINGHAM, Scott. *Magical Herbalism: The Secret Craft of the Wise*. St. Paul, MN: Llewellyn, 1982.

FORTUNE, Dion. *The Sea Priestess*. London: Aquarian Press, 1957.

HARNER, Michael. *The Way of the Shaman*. New York: Bantam, 1982.

HAYES, Carolyn. *Pergemin*. Chicago: Aries Press, 1937.

HOWARD, Michael. *Candle Burning: Its Occult Significance*. Wellingtonborough (Northhamptonshire): Aquarian Press, 1975.

—. *The Magic of the Runes*. New York: Weiser, 1980.

HOWELLS, William. *The Heathens: Primitive Man and His Religions*. New York: Doubleday, 1956.

KENYON, Theda. *Witches Still Live*. New York: Washburn, 1928.

KITTREDGE, George Lyman. *Witchcraft in Old and New England*. New York: Russell and Russell, 1929.

LEA, Henry Charles. *Materials Toward a History of Witchcraft*. New York: Thomas Yosseloff, 1957.

LELAND, C. G. *Etruscan Magic and Occult Remedies*. New Hyde Park, NY: University Books, 1963.

POINSOT, M. C. *The Encyclopedia of Occult Sciences*. New York: Tudor, 1968.

RAVEN. *The Book of Ways*. Escondido, CA: Nemi Enterprises, 1981.

—. *The Book of Ways Volume Two*. Escondido, CA: Nemi Enterprises, 1982.

SCHMIDT, Phillip. *Superstition and Magic*. Westminster, MD: The Newman Press, 1963.

SCOT, Reginald. *Discoverie of Witchcraft*. New York: Dover, 1972.

SINGER, Charles. *From Magic to Science*. New York: Dover, 1958.

SPENCE, Lewis. *Encyclopedia of Occultism*. New York: University Books, 1960.

THOMPSON, C. J. S. *The Mysteries and Secrets of Magic*. New York: Olympia Press, 1972.

VALIENTE, Doreen. *Natural Magic*. New York: St. Martin's Press, 1975.

—. *Where Witchcraft Lives*. London: Aquarian Press, 1962.

WORTH, Valerie. *The Crone's Book of Words*. St. Paul, MN: Llewellyn, 1971.

MADRAS Editora

CADASTRO/MALA DIRETA

Envie este cadastro preenchido e passará a receber informações dos nossos lançamentos, nas áreas que determinar.

Nome _____
RG _____ CPF _____
Endereço Residencial _____
Bairro _____ Cidade _____ Estado ____
CEP _____ Fone _____
E-mail _____
Sexo ❏ Fem. ❏ Masc.   Nascimento _____
Profissão _____ Escolaridade (Nível/Curso) ____

Você compra livros:
❏ livrarias   ❏ feiras   ❏ telefone   ❏ Sedex livro (reembolso postal mais rápido)
❏ outros: _____

Quais os tipos de literatura que você lê:
❏ Jurídicos   ❏ Pedagogia   ❏ Business   ❏ Romances/espíritas
❏ Esoterismo ❏ Psicologia   ❏ Saúde   ❏ Espíritas/doutrinas
❏ Bruxaria   ❏ Autoajuda   ❏ Maçonaria   ❏ Outros:

Qual a sua opinião a respeito desta obra? _____
_____

Indique amigos que gostariam de receber MALA DIRETA:
Nome _____
Endereço Residencial _____
Bairro _____ Cidade _____ CEP _____

Nome do livro adquirido: Técnicas de Magia Natural

Para receber catálogos, lista de preços e outras informações, escreva para:

MADRAS EDITORA LTDA.
Rua Paulo Gonçalves, 88 – Santana – 02403-020 – São Paulo/SP
Caixa Postal 12183 – CEP 02013-970 – SP
Tel.: (11) 2281-5555 – Fax.:(11) 2959-3090
www.madras.com.br

MADRAS® Editora

Para mais informações sobre a Madras Editora,
sua história no mercado editorial
e seu catálogo de títulos publicados:

Entre e cadastre-se no site:

www.madras.com.br

Para mensagens, parcerias, sugestões e dúvidas, mande-nos um e-mail:

marketing@madras.com.br

SAIBA MAIS

Saiba mais sobre nossos lançamentos,
autores e eventos seguindo-nos no facebook e twitter:

@madraseditora   @madraseditora   /madraseditora